カスハラの正体

完全版 となりのクレーマー

関根眞一

苦情・クレーム対応アドバイザー

840

中公新書ラクレ

ウェストンの正体

関根真一

はじめに

熊本に、生涯唯一の師弟関係のような歯科医師がいます。

あるとき、その方から電話があり、

「患者さんを怒らせてしまいました。どうしたらよいか？」

という相談を受けました。

どんな患者ですか、と聞くと、

「齢《とし》は五七歳女性、同級生で一五年来の客です」

「『先生もう治療を止めてもらってもよかね、帰るばい、もう来ん』と言われました」

「怒らせてしまった理由は？」

「軽口をたたいてしもてですね、歯の磨き方で間違いば指摘しました。謝罪に行った方がよかでしょうか」

「そう思うなら行ったら」

「分かりました。お詫びの品を買って、スーツに着替えていきます」

しかしこの対応では、解決するものもしない。相手は、長年頼った歯科医院へ「もう来ない」と言ってしまったことを後悔しているだろうと、心理を読んだ上で臨まねばなりません。杓子定規なお詫びは罪悪感をあおるだけで、相手は素直になれません。わだかまりを素早く取り去ること。そのために「すぐに」「白衣で」「お詫びの品は無しで」行きなさい、と私は指示しました。それから、寒いから上にコートを羽織って。玄関に入ったら、コートを脱いでください、とも。

歯科医師は「エッ」と言っただけです。

しかし電話を切った三〇分後、

「よかったぁー、お陰様で収まりました。『ばっ、治療中に抜け出してきたとね、なんか申しわけなかばい』と言われました」

と連絡がありました。

「それは、舞台衣装の効果だな」

と私は教えました。

これは、謝罪よりも迅速な対応と閃きが解決につながった、苦情対応の成功例です。ところが、今話題の「カスハラ」は、これまで対応してきた苦情と比べてつかみどころがありません。同じ歯科への「カスハラ」はどう変わるのか、それは、中に事例として掲載しました。補足しますと、その正体は患者側の「世直し」をしてやるという気持ちのようです。些細なことも「放置しない（許さない）」という気持ちがよく表れています。患者さんは識者で地位のある方。その方を怒らせたのは、歯科医師の失念でした。ただし「よくあること」でもあり、それほど怒るようなことではないのですが、なぜ「カスハラ」になったのか。詳細は第二章第二話をお読みください。

カスハラの正体が不明のまま、東京都では、全国初のカスハラ防止条例が今年（2025年）の4月に施行されました。この条例は、カスハラを「顧客等から就業者に対し、その業務に関して行われる著しい迷惑行為であって、就業環境を害するもの」と定義したうえで、客や事業者などの責務としてカスハラを防ぐための対応をするよう定めています。しかし、対応といっても、どこまで話を聞き、どこから毅然と臨むのか。「まともな苦情」と「カスハラ」は、どのように見分けるのか。世間を騒がせているわりには、その実態はあきらかになっていないように思います。カスハラに関係する者も、ほとんどが理解できていないのではないでしょうか。

私はサービス業の大手百貨店で、長年「お客様相談室」を担当していました。全国4店舗のお客様相談室長を務め、在職中は一三〇〇件以上のクレームを処理。退職後は自分で会社をたちあげ、「苦情・クレーム対応アドバイザー」として、現在も苦情対応の第一線にいるつもりです。

本書は過去に出版し、好評を博した『となりのクレーマー』という本に、最新事例を含む大幅な書きおろしを加え、一冊にまとめたものです。これまでに私が遭遇した、イチャモンをつける人、理不尽な要求をする人、無理難題を言って楽しむ人など、様々な「困った人」が登場します。まだ「カスハラ」という言葉がなかった時代にも、こういった人達は苦情、クレーム、イチャモンを駆使し、社会をかき回してきました。

読者のみなさんにカスハラが仕掛けられたとき、「どうしよう」「怖い」「逃げたい」と思うのが普通です。カスハラが受け手の精神にダメージを与えるのは、優位な立場の者による「いじめ」だからです。

対抗するためには、その実態を知り、心構えを持つことが必要です。とるべき基本的な対応策は、いくらでもあります。そんな中でも目指したいのは、相手・自分双方にとっての「最良の結果」です。そのためにはこじれる前に、手を打つことも重要です。冒頭に挙げた例のように、くすぶる火種も的確な判断が出来れば簡単に収まるでしょう。しかし、まさに快楽として「困らせよう」としている人、大きく常識を逸脱し、度を越えて意見をする人、詐欺行為に近い行動で金品を求める人には、徹底した対抗が必要になります。

本書では、これまで私が対応した、あるいは見聞きした事例を紹介しつつ、その具体的な解決方法を示します。解決手段は幾通りもあり、重ならないよう書きました。ストーリー仕立てにしてありますので、読者のみなさまには、その時々の私の心理を見抜いていただきたいのです。難しいことではありません。結論となる「おとしどころ」を、どのタイミングで私が考えたか。もしも分かったら、慣れよりも先に真似ることです。

私は苦情対応が仕事ですが、それさえも楽しいというひねくれ者かもしれません。人生は面白いことが多ければ楽しいものです。それでは、作品をお楽しみください。

目次

イラスト（章扉）／風間勇人
イラスト（キャリーケース）／つかもとかずき
本文DTP／今井明子

カスハラの正体

完全版　となりのクレーマー

第一章
お客様相談室の事件簿

第一話
婚約指輪

異様な光景

ご結婚を控えた女性は美しいものです。この話に登場する二〇歳代の女性もその一人でした。この人、Aさんは官庁宿舎にお住まいの方です。

それは、婚約指輪を買うところから始まりました。商品は婚約用のペアリングです。

Aさんは、以前からご贔屓《ひいき》のお客様で、店舗にも時々お見えになっていました。

その日は、嬉しそうに婚約者同伴です。寄り添うように商品を選び、お二人の意見が一致するのにそう時間はかかりませんでした。それぞれの指輪にはイニシャルを入れることにして、出来あがり日を記入したお誂《あつら》え伝票を、お持ち帰りいただきました。

そのさいも、担当した社員に向かって、二人のなれそめや今後の計画を楽しく雑談して、お帰りになりました。

一週間ほど経ってから、Aさんに連絡を入れました。

「指輪のサイズ調整が出来あがりました。ご都合のよいときにご来店ください」

「近日中に行きます」

とのお返事です。おめでたい商品ですから、売り場としては、すぐに喜んでご来店いただけると思っていました。しかしAさんは、なかなか見えません。

そこで、販売担当者は、再度ご来店のご案内をしました。

これに対し、Aさんから売り場のリーダーへ苦情の電話が入ったのです。

「彼がすでに海外に出ており、一緒に取りに行けないことは分かっているでしょう。先日、担当の人にもよく話したじゃないの。なんでできないことを言うの？　どうしてそんな意地悪をするのか、説明に来てください」

どうやら「二人で来て」と言われたことに対して、クレームをつけてきたようです。

(もしかして、婚約者と喧嘩《けんか》でもしたのか)

私たちは、そうも考えました。

報告を受けた女性の係長が、先方の指定どおり、まずは電話で謝罪をしました。しかし、Aさんは、昼間と同じことを延々と話すだけでした。

そこで、訪問して謝罪しようと訪問日時を確認すると、「明日の夜九時にしてください」とやや常識外とも言える時間を指定してきたのです。

顧客の詳細を、接客した販売員に聞いてみると、感情の起伏が激しく、女性には敵対的な態度や言葉で接し、男性には普通に話すと言います。のちほど何人か登場しますが、クレーマーは男性が圧倒的に多く、女性は珍しいものです。

訪問は夜遅いため、女性係長ひとりでは無用心であり、私も付き添いで同伴しました。

延々二時間半の会話は、同じことの繰り返しと、自分が勤めている会社の自慢です。どうやらAさんには、販売業に就いている者に対するさげすんだ見方がしみついているように、感じられました。

当方としては失礼を詫《わ》びましたが、その光景は異常でした。

説明は玄関で行いました。説明を受けるAさんは、私たちの訪問と同時に一度部屋に消え、椅子を持ち出し、自分だけ腰掛けて話を聞いたのです。

この間、私たちは寒い玄関でずっと立ったままでした。

後日ご来店いただくということで、その日の話は、ようやく終えることができました。

再び事件勃発

そして来店予定の日。売り場では、販売員が緊張してAさんを待っていました。うっかりした対応をすると、どんなことを言われるか分からなかったからです。

対応は、売り場の責任者がすることに決めました。でもその日、結局Aさんは見えません。

そしてAさんは、この三日後に突然、来店したのです。もちろん一人で、です。不思議なことに、その日はたいへん機嫌よく話をされました。出来あがった指輪を受け取り、婚約者のぶんはフランスの彼の元に送って、自分の誕生日に日本とフランスで同時に指にはめるのだ、と言っていました。

販売員は丁寧に説明をしたうえで、箱に入れ、保証書を同封して、個別の袋に男性・女性の見分けがつくようにしてお渡ししました。これで完了、のはず……。

ところが二週間ほどして、事件が発生したのです。

フランスの彼に送ったほうは女性物で、手元に残ったほうが男性物だ、という苦情の電話がAさんからありました。

Aさんは、すでに狂乱気味です。

「せっかく楽しみにして、私の誕生日に離れている二人が同時に封を開けて、お祝いをする予定で送ったのに、台無しじゃないの。最初から二人で指輪を取りに行けるわけがないのに、いつも『お二人で』と言うし、この気持ちをどうしてくれるの。これからどうするか、そちらで考えて夜九時に電話をください」

Aさんは一方的にまくしたてます。原因を確認していくと、どうやら「そちらが保証書の入れ間違いをした」とのこと。Aさんは自分のものも開封することなく、大切にしたまではよかったのですが、紙袋の中にある保証書を信じ、男性物の保証書入り女性用の指輪をフランスに送ってしまったという次第です。

販売側は、「そんな間違いはしない」と言います。しかし、ここではお客様を信じてよいと、私は判断しました。なぜなら、そんな間違いを故意に起こしてお客様が得になることはないのですから。

係長も販売員も、課長でさえ疑っておりましたが、私はピシャッと言い切りました。「お客様を信じよう」と。たとえそれが彼女の手違いであっても、証明ができないのならば、百貨店としては対応すべきなのです。

苛立《いらだ》ちの原因

さてそれからが大変です。

対応を考えているうちに、Aさんから、今度は「夜の一〇時に来てくれ」との電話が入りました。女性係長に課長が同伴して、謝罪とともに、対応の説明のために再度、訪問したのです。

Aさんは、「『二人で行けるわけはないのに、『二人で来い』と言われた」と前回のクレームを繰り返し、「そのうえ保証書を入れ間違えられて迷惑した。私たちの大事な行事に水をさしたことに対して、どうしてくれるのか」とかんかんです。

Aさんはさらに、「売り場は最初から対応が悪い」とか、「電話での話し方がなっていない」というように、延々と非難を浴びせます。

挙句の果てに、私どもが提示した案では時間がかかる、として、「こんな手法がよいのではないか」と逆提案を受ける始末です。

フランス国内の郵政事情をよく知っている様子です。Aさんの父親は、その関係の官庁勤めではないかと思いたくなるほどでした。

苦情はずっと続き、夜一一時を回りました。

結局、Aさんの言うとおり、航空会社と回収業者経由で商品を戻し、こちらからは手元にある男性のものをフランスに送ることで、話がまとまりました。もちろん経費はこちらの全額負担です。航空会社、回収業者ともに、Aさん指定のところでした。

ここで一件落着かと思いきや、その後またトラブルが発生したのです。

婚約者の会社に回収に行った業者が、指輪を空港に持ち込んだところ、金（ゴールド）の入った商品は海外への持ち出しがしにくく、税関で引っかかってしまった、ということでした。実はこの指輪には金が含有されておらず、持ち出すことはできるはずなのですが、税関はその判定ができなかったようです。

この事実を知ったAさんのいらつきは頂点に達しました。私のいる「お客様相談室」にまで、直接、電話がかかってきました。

二〇歳代で若いのに、かなりきつい言葉で、命令調で話してきます。またAさんは、海外知識も豊富でした。

私はストーリーを全部聞いておりましたから、話は上手《うま》く合わせられました。

婚約者とは、離れていてなかなか会えない苛立ちが、言葉の端々に感じられます。

「もうすべてがめちゃくちゃよ。こんなことでうまく結婚できるかな、と思ってしまう」

こうなると、じっくり聞いてあげることが大事です。時間をかけてAさんの話を聞いてあげているうちに、その苛立ちはだいぶおさまってきました。

そこで、いったん電話を終えてから、改めて担当者から電話を入れさせました。どう対処したら税関を通過できるかを確認し、お電話で報告する、と担当者はAさんに伝えました。

その後、会社の物流網を使い、なんとかフランスの業者と連絡がとれ、無事に税関を通過するめどが立ったのです。

その間にも、Aさんからは、「これで彼とだめになったら、どうしてくれる」との苦情が売り場に入ってきたそうです。物言いはまた、強烈に販売員を見下したものです。

結局、また女性の係長は休日の夜九時に訪問しました。前回と同じように、Aさんは椅子を持ってきて座り、訪問者は玄関に立ったまま。こちらも慣れてきました。

係長は今後の対応を説明して、やっと承諾を得、いちおうはこれで解決しました。

褒《ほ》めることの効用

Aさんはすぐに、他人に噛みつくクセがあります。さらに自分の仕事が他人のそれより優れていると思い込み、販売業を見下す姿勢は一貫していました。

私はAさんを「女性ヤクザ」だと感じたくらいです。言葉の使い方、話の持っていき方、そしてすべて自分の思うようにしていくやり方が、いかにもヤクザの対応に似ていたからです。ヤクザとの対応も、こちらは豊富に経験していたものですから。

やがて、商品は無事に日本に戻ってきました。事件が解決したのち、Aさんから一度、電話をもらいました。

そのときの話は、あるブランドについて、「本店で扱いがあっても、テナント等で出店している店舗では扱えない商品がよくある」という指摘です。Aさんはそのブランドをよく研究しているらしく、その商品がこちらの店舗にないことに、不満をもらしていました。

Aさんの注文であっても、こちらの店舗には納品されないのだそうです。Aさんは百貨店で買ったときに付けてもらうポイントのことも考えて、こちらで購入したかったのだそうですが、諦《あきら》めて店頭にあるもので決めて、購入したといいます。

さらに一か月ぐらい経ったある日。内容は忘れてしまいましたが、Aさんから再び電話がかかってきました。ある社会現象に対して、当百貨店ではどう判断するか、といったような内容でした。先方は名乗らなかったので、最初は一般の方だと思ったのですが、話している途中でAさんだと分かりました。

最初からどうも変な話し方でした。なにか「引っかけてやろう」というようなものです。引っかかったら絡《から》まれそうな話法でしたので、こちらも慎重に対応しました。充分に注意したせいか、一〇分弱で何ごともなく終わりましたが、こうしたエピソードからも分かるように、彼女は常に、どこかに不満をぶつけて生きるタイプだったようです。

なお、Aさんのように気分の浮き沈みが激しい方からの苦情はよく受けましたが、陽気なときのほうが、私はやりづらかったです。沈んでいるときに、先方の気分をよくする話法は難しくありません。しかし、陽気なときは、ちょっとでもおかしな話をすると突っ込まれます。できる限り聞き役に徹し、話すときは言葉を充分に吟味しなければならないのです。

また、相手の心理状態（Aさんの場合は、うまく結婚までこぎつけることができるか、心配している点）を慎重に読んで、対応することは欠かせません。

Ａさんとのやりとりのさいは、見えない婚約者の男性を褒めあげました。それがうまくおさまった理由の一つかもしれません。

なお、Ａさんはその後も店によく現れました。何事もなかったような態度でした。

第二話　六〇日の攻防……そして

水コンロ事件

トラブルの発生原因に、「言った」「言わない」があります。

ここで紹介する例は、「普通のコンロと言った」と言い張るお客様、六七歳の男性Bさんとの長い長い戦いです。

事件は二〇〇二年の秋に起こりました。Bさんは奥様と二人づれで来店。インテリアの和食器売り場でのことでした。奥様は五〇歳代半ばくらいです。

当日、Bさんは卓上コンロを買いに見えたのです。自宅に客を招いて食事をするときに使うためでした。

販売にあたったのは、すでに七年勤めるパートタイマー。一四名いる社員のなかでもベテラン組の一人です。

Bさんはまず、店頭で商品を探していました。売り場内には、たくさんの卓上コンロと水コンロが展示してありました。

いくつか見ていくうちに、Bさんは、お気に入りの水コンロを見つけて、カウンターに持参しました。その売り場では、商品名カードが入ったケースが置いてあり、そこから取ったカードを持参するか、希望する商品を係員に伝えることで対応していました。とくに大きな商品については、商品名カードをカウンターまで持参してもらうことになっていたのです。

しかしBさんは、コンロの現物をカウンターまで持ってきました。

このときに、販売員と次の問答を交わしました。これがあとで争点となります。

Bさん「これは普通のコンロか」

販売員「普通のコンロです」

水コンロとは卓上で使用するコンロ。陶器でできており、炭を入れて火をおこし上に網を置いて野菜や魚肉を焼きますが、熱が下に伝わらないように、もう一回り大きい陶器に水を張ってコンロ受けとしているものです。熱で水が減ったら、そのつど補充するわけで、水を張った陶器とテーブルの間には、断熱強化のために、さらに一センチ程度の厚さの陶器の敷板を置いています。

Bさんは、持参した「水コンロ」を買い求めて、お帰りになりました。ここからはお客様であるBさんのお話を、そのまま書きます。

〈一一月末に世話になっている人を自宅にお招きし接待した。そこで今回買い求めたコンロを卓上で使用した。すると途中から、下の敷物が熱を持って熱くなり、私がコンロをはずし、来客が敷板をどけた。

来客が敷板をどけるさい、その敷板も熱を帯びており、持つことができなかった。そこで、引きずってテーブルの下に下ろした。そのさい、テーブルに引っかき傷ができた。さらに見ると、テーブルは熱によって塗料が変色していた〉

こうした苦情を持って、Bさんは売り場にやって来ました。受け付けた女性販売員は、ことの重大さに驚き、責任者である係長に話をつなげます。

さっそく係長は店頭にやって来ましたが、Bさんは見つかりません。当日は日曜日で混んでもいましたが、結果、Bさんの妻が先に係長に気づき、Bさんと会い、話し合いが始まりました。

Bさんから内容を聞かされた係長は、「改めてご連絡をし、出向きます」と答えました。

いったんBさんには帰ってもらいましたが、のちのちにこのときの対応の悪さも苦情になったのです。

「それは詐欺だろう」

帰宅したBさんから、さっそく電話がありました。

最初に苦情を言いに行ったさい、「なぜ責任者は、苦情を言われたそのときすぐに、『一緒にまいりましょう』と言わないのか」とのお叱りです。

そして、「テーブルの傷を見に来なさい」とBさんは命令口調で言います。係長はすぐに、Bさんの自宅まで出向きました。

訪問してみると、改築して和風に仕立てた四畳半くらいのお部屋があり、その真ん中に大きな一枚板のテーブルがありました。サイズは一五〇×八〇センチ、厚さは一〇センチくらい。うす黄色くあめ色に塗りがしてありました。

そのほぼ中央にうっすらと、黄色の輪ができており、そこから三〇センチくらいの細い引っかき傷が伸びていました。

係長はまず、型どおり、今回の非をお詫びしました。

しかし、Bさんはいきなり係長を責め立てました。最初は対応の悪さからです。たくさんの事例を使って責め立てます。

「だいたい今日、売り場に苦情を言いに行ったとき、なぜすぐに『お供します』と言わなかったのか。そのくらいの気持ちがなくて、何で責任者がつとまるのか」

「私の家内が先に、私を探しているあなたを見つけたことからも、全体的に教育されていないことが分かる。あなたは本来、そんな立場に置けない人物ではないか。幹部に言って指導をしてもらわなければならないだろう」

こういった調子です。

そして、肝心の「水コンロ」のやりとりとなりました。

「あなたの目の前にあるコンロは、普通のコンロですか、水コンロですか」

Bさんは係長に質問しました。

「これは水コンロです」

係長はそう答えました。

「それは大きな問題だ。なぜなら私は、『普通のコンロ』と確認して、買って使用したんだよ。結果はこのとおり。テーブルに大きな傷をつけ、焦がした。どう責任を取るのか」

「……」

「『水コンロではない』というので買った商品が、実は『水コンロだった』と言われては、困る。それは詐欺だろう。そうは思いませんか、いかがですか」

このように質問調の言い方が続きますが、うっかり返事はできません。

仕方なく、係長は、ハッキリしないで頷《うなず》くような頷かないような応対を繰り返しました。当然、係長は、「詐欺でした。申しわけありません」とは言いません。

係長の脳裏にあるのは、（最初に対応したのはベテラン社員であり、こんな単純なミスをおかすはずはない）との確信だったようです。だから余計に、心のなかで、「相手が難癖をつけている」と感じていました。その対応をした社員は、「普通のコンロか」と問われ、「はいそうです」と伝えているそうです。お客様は水コンロがあることを知らなかった様子でした、とも言っていました。

Bさんは他の店舗でどういう対応をしているのかについて、説教調に延々と話したそうです。しかし、聞かされる係長も販売経験が長く、第一線のプロなのです。素人のBさんから言われても、素直に「そうですか。こちらが間違っていました」と受け入れるはずはありません。

係長はBさんが、「自分はすごいんだ、何でも知っているんだ」と伝えることで、交渉を有利に持っていこうとしているのではないか、と感じていました。

そうこうするうちに、Bさんはついに、要望を出してきました。

「このテーブルを元の姿に戻してください」

当然、係長の判断ではうかつな返事はできません。

相手のBさんも、どうやらこうした駆け引きには慣れている様子でした。係長が結論を出せないことを見越して、執拗《しつよう》に攻めてきます。

一時間近く経って、「あなたでは結論を出せないでしょう、責任の取れる人を連れてもう一度来てください」と、Bさんは切り出しました。

「来ていただきたい時間については、こちらからまた電話します。そちらの態勢が整ったら、一報ください」

Bさんがこう言うことで、その日のやりとりは終わりました。

手作りの部屋

係長は帰社し、課長を伴って部長へ報告に来ました。

部長は、お客様相談室長も話に入ってくれとのこと。さっそく私も参加し、対応会議に切り替え、対策を練りました。攻防戦の開始です。

立場が違い、企画会議等では意見の割れるメンバーでしたが、こういうときは本当に心が一つになって、事態にあたります。ただお客様であるBさんの要望をどうするか、になると、意見は分かれました。

係長からは、「金品目あてである」「クレーマー」「金に困っている」「たかりや」「ヤクザ」などの言葉が出てきます。係長もそうとうアタマに来ている様子です。

過去の記録を調べてみました。さらに慎重に暴力団関係、前科者等々の情報を確認していきます。幸いというか今回は、何も情報が出ず、「一般の市民で、少々たかりの癖がある」人物像だと分かりました。

対策会議の結論から、次回は係長と私が、Bさん宅を訪問することになりました。

指定日はその数日後です。

車で四〇分ぐらいのところにある新興都市の旧市街地。そのはずれにBさんの自宅はありました。

一見人のよさそうな笑顔で、私たちを玄関へ迎え入れます。

自宅の外見は平屋のトタン屋根、さして大きくない家で、門から玄関のドアまで一・五メートルくらいでした。周りには植木が少々、お部屋に入ると四畳半ほどの部屋。和風に改築したのは、Bさんの「手作り」だと言います。

「手作り」だと聞いて、私はいちおう褒めることとしました。

庭は変則の形で狭いのですが、大きな庭石があります。部屋で手元の電源を入れると、三種類の噴水が出る装置がありました。「凝り性の趣味人のようだが、変わった人だな」と直感しました。

七四万円?

今回の訪問は、Bさんの申し出とその狙《ねら》いを確認するのが目的ですから、じっくり腰を落ち着けて聞くようにしました。

「この傷が分かりますか」

Bさんの問いかけに対して、私は「ここですか」と言いつつ、そこのかすかな色変を指差しました。

「そうです。しかもこの傷もそうです」と言って、Bさんは引きずった傷を指差します。そのうえで、「このバリ（製品のへりなどに、はみ出してできた余計な部分）はどうお考えですか」と、陶磁器の敷板を差し出しました。

私は手にとって、底辺にあたる部分をなでてみました。確かに数多くのバリがあります。

「バリがあるでしょう。あなたが今、手にしたように、普通はこの質問に対し、下部を確認するはずですよ。最初に店に行ったとき対応した販売員は、敷板の側面をなでて『何でもないですよ』と言ったのです。少しおかしいと思いました。あきれましたよ」

Bさんの話は続きます。「そして、対応に出たこの係長は」と彼を指差し、「『お客様が大変だ、すぐに行動しなければならん』とは思わないで、のんびり構えていました。せめて『すぐ確認に行きます』という態度がなかったのは、どういうつもりでしょうか。

客である私が困っているのに、『後でいいや』と考えたのですか」

やがて、テーブルの説明が始まりました。係長は前回も聞いていることですから、心の中で「また始まったな」と思っている顔をしています。

その話は私も聞いていたので、同じことを言っているのは分かりました。きっとBさんは、「簡単に納得するわけではないぞ」とPRしたのだと思います。こちらとしては、「しっかり聞いて対応しますよ」という姿勢を見せることにしました。

「このテーブルは、私が以前所有していた別荘のテラスに置いてあったもので、テーブルの脚を切って適当な高さにし、この部屋に持ち込んだものですよ。世界に二台とないものです。ダメになったからといって、買ってくるというわけにはいかないんですよ。もともとの買値だって、当時一台七四万円もしたんです」

と、さっそく牽制球を投げ始めました。

実は、「七四万円」と聞いたとき、噴き出す寸前だったのです。言われてよく見ると、確かに大きいのは事実です。しかし、もともとはテーブルの中央に何かあり、それを切った跡がありました。他にも何か所か、穴埋めしたうえから安いニスでも塗ったようなところがあります。今、街頭で売っていたら、中古で高くても三万円程度の代物です。

私はその切った跡を何げなく指差しました。Bさんはたちまち言いわけを始めました。

「別荘時代、調味料が置けるようについ立を立てていましたが、それを切った跡です」

Bさんは続けて、自分の自慢話を始めました。

「自分は四〇歳頃まで、大手電機メーカーS社に勤めていたのです。その頃、住宅産業が好景気に突入する時代で、社内の部下三名を連れて独立しました。そのとき、まず考えたのは社員の教育ですよ。あなたもいろいろお困りであろうが、社員の教育ほど大変なことはないはず。幸いにして当社は、真面目に指導したおかげでどこからも指差されることなく、多くのお客様に信頼されて順調に成績を伸ばしたんです」

なにか、こちらの社員教育が悪いと言いたげです。


半値買いを正価で引き取らせていた！


そして、ようやく本性が現れるときがきました。Bさんは、過去の自慢話を始めたのです。

「以前、T百貨店が新装開店のとき出かけたことがあった。寝具の売り場でふと見ると、非常に質のよさそうな毛布が定価の半値で売られていた。そこで私は娘のために二枚買ったんだ」

まずは、以前駅前の百貨店で買った毛布の話です。

「『明日までの三日間限り、開店記念』と書いてあった。よい買い物をしたとそのときは思ったよ。しかし、家に持ち帰りさっそく使わせたところ、『肌にあたりチクチクする』と娘が言うではないか。これは困った。商品が悪いのだろうと思い、返金または交換してもらおうと出かけていったんだ」

どうやらBさんは、クレームをつけるのに「慣れている」様子でした。

「するともう販売期間をすぎているのに、まだたくさん積んであり、同じ値段で売っている。『おかしいな』と思い販売員に確認すると、『お客様に好評だったので、また仕入れて販売しています』と言うではないか。私は直感で、売れてないから置いてあるので、ウソを言っていると思った」

Bさんは怒って、責任者と話をさせろ、と求めたそうです。

「責任者はすぐやって来たよ。私の追及にすぐに白状した。『売れなかったんです』とね。私は買った商品は非常に悪いものだと説明をし、返品を受けるように言ったんだ。そうしたら、その責任者は立派な者で、正価販売の二万円で、毛布を二枚とも引き取ってくれた。これはすばらしい対応だった」

（そうか、半値で買ったのに正価で引き取らせたのか）と思い、こんな無理をさせるというのなら、そのうちBさんは自分で墓穴を掘るな、と直感しました。

Bさんは調子に乗ってよほど無防備になったのか、まだ別の話を続けます。

「あるスーパーで米を買った。家で炊いてみたらなんだか臭い。さっそく店長に電話をして呼びつけたんだよ。店長は、『自分たちは悪くない。仕入れたバイヤーが悪い』と言って、今度はそのバイヤーを電話で探し出した。バイヤーは遠方の県にいるらしく、電話口でグダグダ言いわけをした。ついにこちらも怒って、『何時になってもいいから来い』と呼びつけた。その者が来たのは遅くて夜一〇時頃になっていたが、こちらの勢いに驚き、慌てて謝罪に切り替えた。しかし私は『許せない』と言って、この部屋で店長と話をしている間、バイヤーをそこに立たせておいた」

ここまでするのは、常軌を逸しており、ひどいものです。叩くともっと埃《ほこり》が出そうでした。

私たちは、そんな話の最中でも、頭の中は冷静に、自分たちの事案の解決だけを考えていました。

確かに一部の傷は商品のバリのせいのようです。もし取引先がPL（製造物責任）法の保険をかけていたら対象になるかな、という考えが頭をよぎりました。

一般に、製品により何らかの事故が発生し、身体や財産に被害・損害が生じた場合、PLとして対応する場合がある。製造物責任法（PL法）の対象となるのは、製品の引き渡し時点よりその製品に「欠陥」があって、その欠陥のために「被害・損害」が生じた場合です。

「会社の誠意を見せろ」

Bさんの自慢話はそのうち終わり、話は当方の「水コンロ事件」に戻って、いよいよ核心のところとなります。

「室長さん、このテーブルをどうしますか」

どんな手法で私を満足させますか、と言っているのです。

ただ一つの答えを除けば、何を言っても無駄な答えになりそうでした。

その「ただ一つ」とは、「＊＊万円を出すので代替品を買っていただけますか」です。

そう持ちかければ、「さすがだ。充分にその気持ちは伝わった」などと言いながら、

Bさんは満足したでしょう。

しかし、カスハラを終わらせるためにお金を出す、というのは、やってはいけないことです。

私はしばらく困ったふりをして、時間をかけてじらすことにしました。

そして、「表面を腕のよい大工に削らせ、塗装して元に戻させていただけますか」と切り出しました。

もし、「それでよい」と言われたら逆に困るところでした。しかし、相手は拒否するのが分かっています。過去の「自慢話」からも推測されたように、Bさんの目的は「難癖をつけてお金を引き出す」ことにあるのは明白でした。

案の定、Bさんはムッとして返事をしました。

「何を言っている！　あなたは何も分かっていないじゃないか。これを削って修理をするとどうなるか。この部屋の調度品はすべて、同じ時間を経過して同じ傷み方をしているんだよ。そこへきれいなテーブルが入ったことを想像してみなさい。おかしいでしょう？」

Bさんは続けて、「まあ、ここであなたに即決させるのには無理がある。持ち帰って会社で検討してください」と言います。

お金を払いましょう、と言えば解決します。でもそれを抑えたままでの攻防戦でした。

私はここで、ズバリ聞き返しました。

「Bさん、私は持てる限りの情報と最善の方法で対応させていただけるよう、説明させていただいたつもりです。それがダメとなると、社に戻ってもそれ以上の対応はなかなかできないと思います。何かよい方法はございますか」

Bさんは、「それを満足させるのが、あなたの仕事だ」と言います。

「それではもう一段技術のよい塗師《ぬりし》を見つけ、この部屋のムードに合わせた色合いを出せるようにしましょう」

「分かってないな。それでは削った分テーブルが低くなるではないか」

想像していた答えです。「あーそうですね」と、大きく納得して見せます。そしてついに、しびれを切らしたBさんが決定的な提案をしてきました。

「室長、方法は一つ。これはお金で解決しましょう」

すかさず聞きます。

「それはどのくらいを」

「それはあなた方の会社の誠意です」

これで目的は達しました。そこまで聞けば、もう用はありません。

「かしこまりました。さっそく帰り、検討してお返事いたします。少しお時間をくださ い」

「いつになりますか」

「お客様のご都合は？」

「四日後は居ます」

「それでは午後四時でよろしいですか」

「結構です」

このやりとりののち、係長とお暇《いとま》しました。この日の攻防は終わりです。

修羅場

社に帰り、店長をはじめ総務部長、販売部長そして係長と打ち合わせに入りました。

結論としては、お客様の使用ミスであり、ＰＬ法の説明が付いていた（説明書が二枚つき、箱にははっきり「水コンロ」と書いてある）ことなどを考えると、そもそも百貨店側で補償することではないのです。

ただし、Bさんは「販売員が『水コンロではない』と言ったから、水を入れなかった」と言っています。私は、バリがあるのは不良品だ、と主張しました。

どっちにしても、説明に行くのは私ですから、話し方と対応に苦慮します。

私は取引先を呼んでバリの確認をしました。さすがに営業員もその不良を認め、「PL保険がかかっているので確認してみます」とのことでした。

数日後、取引先より「PL保険の返事が来た」との連絡が入り、「最大五万円の補償まで出る」とのことです。

Bさんは、たぶん五万円では収まらないでしょう。しかし、これ以上支払うことは絶対にありえません。

五万円を支払うこと自体も、対応のしすぎかもしれません。なぜなら、使い方が悪かったのはBさんで、当方はただ、「言った、言わない」に対して、折れているだけでした。

この「言った、言わない」の問題になると、Bさんと販売員の一対一の問答であって、証明が立ちません。こうなると、顧客優位とみるのが百貨店の基本です。

「年末の二二日、または二三日に電話をくれ」とのことで、一二月二三日に電話をしましたが、相手は留守。仕方なく明日電話をすることを、留守電に入れました。

明日は街や家庭はクリスマスイブ。こんな日に、苦情処理にあたっているわけです。しかし、百貨店に勤めた以上これは覚悟のこと。

その二四日、出先から電話を入れました。Bさんが出ました。「年末は忙しくなったので、来年にしましょう」と言います。双方のスケジュールをすり合わせ、一月の一五日ということで決まりました。自分としても会社としても、解決してよい正月を迎えたいのですが、長い経験から、解決を急ぐのは禁物だと考えていました。

約束の一五日。今回は決裂する可能性が充分にあります。

実際、たいへんな修羅場となりました。

部屋に通されて話をしようとしたところ、いきなり先制攻撃が来ました。同席した係長に対して、「コンロを持って来ましたか」と言うのです。

「いいえ」

「なぜ持って来ないのだ。先日話したとき、『これに代わるコンロはある』と言ったじゃないか。なぜ手ぶらで来た！」

ひどく大きな声を出し、興奮して見せます。

私はひとまず黙っていました。さらに係長への「お叱り」は続きます。

「私は、あなたを教育しているんだ。今から会社に行って、コンロを持って来なさい。その往復に一時間ぐらいかかるだろうから、その時間が無駄になる。その待つ時間の補償費用は一万円だ。ここに一万円を出せ！　ここに一万円を置いてから行って来い！」

確かに前回、「コンロはある」とは言いましたが、一度として「交換する」とか「持参する」とかは言っていないのです。先制攻撃を繰り出して、脅そうと考えたのでしょう。

一五分もそんな話をしたのち、Bさんはまた先日の話を繰り返しました。自分は若くして独立し今日を築いた、との話です。そのあとで私に向かって促しました。

「ところで、前回持ち帰ったことの、会社のお返事はどうなんですか。出方によっては、本部にも社長さんにも手紙を書く用意をしております。どうぞ言ってください」

私は説明を始めます。

「もう一度確認をさせていただきましてから、お返事をさせていただきます。B様はご自宅で開封してご使用になる前に、使用説明書一枚と取り扱い説明書が一枚あったのは、ご存じですよね」

「あったかもしれないが、見ていないよ」

「箱に『水コンロ』と書いてあったのは、見えましたよね」

「見てない！」

「分かりました。今回の敷板にバリがあるのはＰＬ法で認められました。それはご迷惑をかけましたので、修理代として五万円用意させていただきます。これが当社のお答えでございます」

　Ｂさんの顔は、みるみるうちに怒りに充ちてきました。

「お話にならないよ。こんなこげ傷をつけられて、テーブルを台無しにされて、たった五万円で『分かった』と言えますか。納得できません」

　この返事は当然のものと予測しておりました。もちろん、答えは一切、変えません。

「ご意向にそえず申しわけございませんが、これは最初で最後のお返事でございます。どうかご了承ください」

「あなたの……」とＢさんは言い始めました。「あなたの態度は誠に不愉快だ。どうして詫びる、ということができないのか。お金の問題じゃあない。お客様に対して本当に申しわけないと思ったら、礼を尽くして詫びるのが先だろう。お宅はどんな躾《しつけ》をしているのか。社長に手紙で抗議するから、もういい！　あなたはどこかへ飛ばされるだろうが、それは仕方のないことだ、身から出たさびだよ」

この手のお客様からよく言われる台詞《せりふ》が、ぽんぽんと飛び出します。

そうか、頭を下げて詫びることか。いや待てよ、最初に訪問してきたときから何回もお詫びはしている。

しかしここでこちらも怒ったら交渉になりません。そこで、「申しわけございませんせん」と係長と二人で、もう一度丁寧な礼をしました。

すると、「いまさら遅い」

心の中で「くそっ」と思いましたが、仕方なく目を見ていました。Bさんは言いました。

「あなたのほかにも、部長はいるでしょう」

「はい」

「あなたではもう話にならない。もっと話の分かる人と話したい。その人に明日電話をするから名前を教えろ」

そこで総務部長の名を教えました。「今日はもういいよ」と言われ、解決せずにBさん宅をあとにしました。

怪しげな人物の登場

翌一六日。待っていても、総務部長あてに電話は来ません。

二一日に手紙が着きました。がっかりしたのは表書きの社名の字が間違って書かれていたこと。喧嘩相手の社名を間違えて書く人ですから、間が抜けているといえば抜けています。

総務部長殿

ご報告は受けていると思いますが、貴社の社員関根には誠意が見られない。

対応を聞いてみれば、表面を削るとか塗り直すと言っており、私にとってこのテーブルがどのくらい大事なものか理解しようとする姿勢もまったく見えない。

そこで私は紹介を受けた貴殿とお話をしたい。追って連絡をいたしますが、誠意あるご回答をお願いする。

お話の進み方では、本社への手紙も用意している。

私は、販売員に普通のコンロと言われて買ったのであり、そこは間違いがない。販売員への確認は充分にお願いしたい。また関根が言っているＰＬＯ（これはどうやらＰＬ法の間違いのようです。まさかパレスチナ解放機構のことではないでしょう！）は、私には何も関係ない。言っている意味もよく理解できない。

御社としての誠意ある回答を希望します。

鈴木会長へは、今回の経緯をすべて説明しました。

鈴木会長は私のビジネスの顧問をしていただいている方で、今回のこのコンロも経費は鈴木事務所から出ております。（領収証は、Ｂさん個人名で発行しています）

そのため、今回の解決にあたり相談をいたしましたところ、次回お会いするさいにはご同席をいただけることになりました。

以上

手紙を見て驚き、がっかりしたのは、「私にはＰＬＯ（ＰＬ法）はまったく関係ない」というくだりです。

ＰＬ法の施行は一九九五年です。こんな「たかり」をやっているのに、すでに施行後七年以上経っても、知らずにいたとは。このくだりからして、水コンロ自体の存在を知らなかった可能性が大きくなりました。

Bさんからは、「鈴木会長」という人物のところに行けとのことです。一月二六日。私は出番を外されましたが、総務部長が供をつれて出かけました。このように正体不明の輩《やから》が出て来たときは、必ず二人で行くのが鉄則です。

行ってみると、大きな工場の事務所という感じの場所でした。非常に分かりづらい場所にあったそうです。そこには鈴木さん（六五歳くらい）、Bさんのほかに、若い人（三五歳くらいで、オンブズマンの名刺を持つ）がいたそうです。

鈴木さんからの提案は、「あれだけのテーブルに傷がついたのだから、それ相応の金銭で解決するのが普通だよ、どうかな」とズバリの金銭解決でした。

鈴木さんはBさんに尋ねます。

「どのくらい希望するの？」

「自分にとって価値の高いものですから」

「それでは分からないから、私の妥当と思われる線でお話ししましょうか」

Bさんは「結構です」と。二人で猿芝居を打っているようです。

「どうだろう。百貨店さんも長引くと面倒だし、本部を担ぎ出すのも大変でしょうから。二〇万円の弁償でいかがですか。Bさんどう?」

「はい、お任せします」

当社の二人は打ち合わせどおりです。

「最初にお話しした五万円が限度です」

とはっきり言いました。当然、決裂です。

「次回もう一度会いましょう」ということで、総務部長らは戻って来ました。後でそこにいた鈴木会長なる人物の裏をとりましたが、驚くような人物ではありませんでした。

そして二週間ほどして、もう一度会いましょうという話が来ました。

先方は時間をかけて、こちらがしびれを切らすのを待っているのですから、「一〇万円で」と言えば片がついたかもしれませんが、絶対に五万円です。

つらいでしょうが総務部長がまた行きました。割と早く帰って来ました。理由は「あなたでは話にならない」となったからです。

次はどう出て来るのか。すでにこの件は本部総務へと話をすすめており、社の役員にも話を通してありました。もはや、どうしても五万円のセンは崩れません。

今後はぶり返しても、一切対応をしないことで社内統一をしておきました。

Bさんからの連絡はぷっつりなくなりました。六〇日間の攻防でした。

私はその七か月後に退社しました。しかし、この解決しないカスハラはどうしても気がかりでした。やがて、その日から一年目に当たる日がせまってきたとき、付き合いのある当時の係長に「注意しろ、何か動きがあるはず」と連絡を入れました。予想は当たり、その日、社長への抗議文が届きました。本社は一時あわただしく動きましたが、報告されていることとの確認をしたのみで、対応はしませんでした。

これでこの物語は終わりです。Bさんのしゃべる声だけは今でも思い出すことができます。寂しい方でした。

第三話

ヤクザとの対決

宝飾売り場の怒声

そのヤクザらしき人との最初の出会いは、こんな状況でした。

大阪での出来事です。その一報は宝飾の売り場から入りました。

眼鏡屋さんの店先で、無料で眼鏡が洗浄できる超音波器具を見たことがあるでしょう。それと同じものが、店内の宝飾売り場にもセットしてありました。

そこへお客様、Cさんが来ます。ダイヤがついたネックチェーンを洗浄しました。少し古く傷んでいたのでしょうか、この洗浄のさい、ネックレスにダイヤを吊るすための「バチカン」という部品が壊れて、外れてしまったのです。

Cさんはさっそく販売員を呼んで、すごみだしました。

「どうしてくれるんだ」

「親の形見なんだよ。いま金に困っていて、今日質屋に入れるところだったんだぞ！　これでは質屋に入れられん。何とかしろ」

どうやらヤクザらしい物言いでした。まさに本領発揮です。相手をした販売員がたじたじになったところで、私のいる「お客様相談室」に連絡が入りました。

まずは、状況を確認します。そのダイヤは大きく、Cさんは「一カラットある」と言い張ります。係長も「それくらいあるかもしれない」との判断でした。

相手がヤクザらしい者であること、そのうえダイヤの大きさで、こちらも怖くなってしまいました。とはいえ、「怖くなった」とは、今になって思えば、未熟な時代の笑い話です。というのは、今なら、このようにハッキリ言うことができるからです。

「お客様、その器具は無料でご使用いただいているもので、当店では破損の責任は持てません」

また、ダイヤの大きさなどまったく関係ないので、慌てないと思います。

しかしこの頃の私は、まったくの駆け出し。びくびくしながら、現場に行って状況を細かく、目で確認したのです。

対応は、まずは私が出ずに、係長と課長にやらせました。どっちにしろ最後は出ざるを得ないので、二人とCさんとのやりとりを見ながら、じっくり気持ちを落ち着かせておきました。

扉の陰から覗くと、Cさんはどうみても「その筋」の風体で、年のころは三〇代後半くらいです。少し汚れたグレーのトレーナー。頭は短髪というより剃《そ》っている感じ。身長は一八〇センチで体重は八五キロくらい。目は細く、いかにも「悪そう」な顔つきです。

私たちからのCさんへの提案は、質屋が閉まる前までに修理のできる業者を探して、破損したバチカンを直す、というものでした。それができるかどうかの確認をする、と対応者はCさんに伝えました。

Cさんは、「ここで直せないのか」としつこく迫ります。

係長が、「できません」と言うと、「お前では話にならん、上の者を出せ」と言いだしました。

傷だらけの顔

いよいよ私が出て行く番です。対面の場面となりました。

第一印象は「怖そう」でした。次に顔を見たところ、傷だらけです。八か所ある傷の、少なくとも二、三か所はナイフか刀傷のように中肉が膨らんで見えました。心の中では、「すごい顔だ」と驚いておりますが、もちろん表情には出せません。

こちらは神妙な顔です。

次にこう想像しました。

（こいつがいきなり胸倉につかみかかってきたら、どうかわそうかな。大声で叫びだした場合は、どう対処するか。事務所に保安係が待機しているから、緊急時にはどうにかなるだろう）

そうはいっても、初めての体験は怖いものです。

さっそく、説明を始めました。話しだせば、少しは怖さもなくなります。

「お客様、大変ご迷惑をおかけしました。ただいま、すぐに修理ができるところを探しております。難波《なんば》方面に数軒あるそうです。取引先を通じて、そのどこが一番早く修理が上がるか、確認してますので、今しばらくお待ちください」

Cさんは、「どうでもいいけど早く修理してくれよ。その質屋は夜は七時で終わってしまうから、早くしてくれ！」

　現在、五時半を少し回ったところです。

　修理先を探している間、私とそのお客様は、商品ケースを挟んで座っていました。沈黙が続きます。息苦しい時間です。

　黙っているのも苦痛ですから、私のほうから切り出しました。

「形見でございますか。ずいぶん高価なものでございましょうね」

「石がでかいからな」

　それでまた、しばらく話が途切れます。

「お住まいはどちら方面で」

「近くだ」

「ご来店はよくいただいて……」

「来ない」

　こんな調子で、話は続きません。

勝負の分かれ目

五分ほどしたときCさんは、「ちょっと、路駐（路上駐車の略）してるから車動かしてくる」と言って、立ち上がりました。

そして、階段へ向かおうとしたとき、係長が私に向かって、青い顔をして迫ってきました。

「室長、どうしたんですか。お客様はどこに行くんですか」

私は、まだ未熟者です。「少しでもお客様がいなくなれば気が楽だ」とばかり考えていました。それで、

「車の移動に行くそうだよ」と何気なく答えました。

すると係長は言い返します。

「ちょっと待ってください。だとしたら、そのお品を、お持ちになっていただいてください」

最初はピンとはきませんでしたが、すぐ、ハッと気づきました。

私は階段に行きかけたお客様の背に向かって、大きな声で、「お客様、少々お待ちください」と言いました。

相手はこちらを振り向きました。やはり怖い顔です。少しびびりましたが、とにかく

落ち着いて話そうとしました。

「このお品は預り証もございませんので、ひとまずはお持ちになってください」

そう言って、ダイヤとネックチェーンを渡しました。Cさんはしばらく考えてから、黙って受け取りました。

ここが勝負の分かれ目だったことは、あとでゆっくり考えたとき、分かりました。危なかった。

お客様が去られたあと、係長から説明を受けました。

当時一カラットのダイヤは、品質によって、価格に八〇万円から四〇〇万円もの大きな差があったのだそうです。Cさんが置いていき、戻ったとき「石が替わっている」と言われたら、もうどうすることもできません。

「替わっていない」「いや、替わっている」の、どちらにも証明できるものはないのですが、そうなると預かったサービス業の側は不利です。絶対不利なのです。「分からないときはお客様の言い分が正しい」のですから。

クレーム対応において、このときほど、人の助けが必要だと感じたことはありません。

当時の私は、駆け出しの未熟者でしたから、係長のような、その道の現場のプロにはとてもかないません。

この日以来、常に現場の意見に耳を傾けることができるようになったことが、大過《たいか》なく職務をまっとうできた最大の理由だ、と思い、今でもこの係長には感謝しています。

露骨なカネ目当て

さてCさんです。車の移動に行ったきり二五分、姿を現しません。

そのとき、お客様相談室あてに、一本の電話が入りました。相手は女性でした。私を名指しの電話です。

電話口に出ると、いきなり、

「お前のところで、お母さんのネックチェーンを壊したんだって。どうしてくれるんだ。大事なものなんだぞ！」

実に乱暴な女性です。一瞬、「あれ？」と思いましたが、すぐに、「さっきのCさんの仲間が出てきたな」と思いました。

「どうしてくれるんだよ。今から行くんで待ってろよ」

と言い残し電話は切れました。

待つこと一〇分。電話の主は、Cさんとともにやって来ました。

「お前が関根か」と私の名を言います。

「はい。このたびはご迷惑をおかけしまして、申しわけありません」

「どうしてくれるんだ」

派手な服装と時間からして、女性は夜の商売に就いている感じがありありでした。髪の毛は金髪。年のころ四〇歳。どう見てもさっきの男、Cさんはツバメでしょう。こんな「姉御」の前では、Cさんも何も言えずに小さくなっているんでしょうか。

「こちらはこの間に、修理のできるところを探しておきました。どうぞ無料で直しますので、こちらにお出向きください」

怖い「姉御」に向かって、私はそう伝えました。

しかし、それでは先方の狙いどおりになりません。目的は金でしょうから。

「どうやって行けっていうんだよ！」

「着くまで店を開けさせておきますから。電車でどうぞ。それが一番早いと思います」

「壊しておいてなんだよ。勝手に直しに行けとは！　しかも電車で行けとは、どういうことだ！」と、女は声を荒らげます。

最初はびっくりしましたが、こちらはだいぶ冷静になってきていました。

「電車が一番早く着くと思います」

「冗談じゃないよ。せめてタクシー代くらい出せ！」。そして、「そのくらいしてもいいでしょう」と、やっと女の言葉になりました。

このとき学びました。こちらに落ち度のないときは、どんなに怖くても相手の目を見て、毅然として対応するのが、この手の相手への最高の威圧になるということを。

もう一つ気をつけねばならないことは、質問されたときに慌てて返事をしないこと。まず頭の中で一度答えを出して、整理したのちに言葉にします。しかもゆっくりと。これは大事なことです。

次に黙っていたCさんのほうが、口を開きました。

「タクシーで行っても、帰ってきて質屋に行ったら、もう間に合わないんだよ！」

「どこの質屋ですか」と私が問うと、

「この近くだが、難波への往復だけで五〇分ぐらいかかってしまう。とても間に合わない。どうするんだ」と言って、絡み始めました。

「こんな押し問答をするより、一刻も早く行かれたほうがよろしいと思いますが」

「じゃあタクシー代を出してよ」と今度は女のほうが、さっきの要望を繰り返します。お金は断じて渡すわけにはいきません。私は、「どうしてもお車がよろしいのでしたら、当社の車でお送りいたしますが」と言いました。

すると女は再びお金を求めてきます。「あたしたちは今日、大阪市内に泊まるのよ。そのホテル代、二人分くらい出してよ」

頭の中が「?」となりました。いったい相手は何を言いだしたのかな、と一瞬思いました。

何でもいいから、お金を出せ。つまりはそういうことのようです。

もちろん、絶対にお金など出せません。

その後は「出せ」「出す理由がない」の押し問答です。

係長の機転

まもなく閉店。この一時間半くらいの間に、Cさんはちょくちょく携帯電話をかけに席を立ちます。誰かから指示をもらっている様子でした。

やがて、話がまた元に戻りました。Cさんのほうがすごんできました。

「壊れたおかげで質屋に行けなくなったのだから、どうしても何とかしろ」

「質屋は何時までですか」

「七時だ」

「でしたら、先方にお願いして、何時まで待ってくださるか聞いてください」

Cさんはどこかに電話をかけましたが、話の内容からは、やはりどこかの質屋のようです。

やがて、「七時一五分まで待つってさ」とCさんは私たちに告げました。電話番号を書いたメモの紙切れを、ちらちら見ていました。

こちらも粘ります。「もう少し何とかなりませんか」

ここまで来ると、もう修理する気はどちらにもありません。

すると、そばにいた係長が、突然言いだしました。

「質屋に持って行くなら、ネックチェーンが壊れていることは、引き取り価格に影響しないはずです」

その瞬間、私は、Cさんの手元にあった、質屋の電話番号のメモを勝手に取りました。

Cさんと女は、ことの成りゆきを呆然《ぼうぜん》と見ています。

私は係長に、「お客様の行く質屋さんだから、バチカンが壊れていることが引き取りの価格に影響するか聞いてくれ」と、客意を得ないまま、メモの紙を渡しました。三分ほどして係長は戻りました。嬉しそうに、「まったく問題ないそうです」

そこですかさず、私は言いました。

「お客様、大変お手間を取らせましたが、お聞きのとおりです。私どもは責任を持って質草になっている間に修理をいたします。よって今日は、お引き取りいただきたい」

さすがの二人も、もはや声がありません。一言二言何か言っていましたが、諦めて帰りました。

異常な反応の理由

私にとってのヤクザとの初対面は、これで終わりです。ひどく長い時間に感じられました。

この日はちょうど、年末ボーナスの明細の配付日でした。サラリーマンにとっては本当に嬉しい日なのです。課長以上は会議室に集まり、店長から今期の成果説明を聞いたうえで、直接賞与明細をもらいます。

私はCさんとのやりとりの最中だったので、その場には行けませんでした。その席上、店長は、「室長は今、ヤクザと渡り合っている。本当にご苦労様だ。ホンモノのヤクザだから、明細をもらったあと、様子を見に行ってみろ」と一同に話したそうです。

イキな店長です。彼は厳しい人でしたが、頼りがいのある店長でした。後で聞くと、店長はカウンターで私が対応していたとき、心配して、柱の陰からずっと見ていたといいます。

さて、Cさんが帰ったあと、私はまず、係長にお礼を言いました。

そして係長に尋ねました。「あのとき電話した質屋さんは、お客様のことを存じ上げていましたか」

すると係長は、「まったく知らないし、今日来ることも知らない、と言われました」とのこと。あの男、車の移動で1階に降りた際に、質屋の宣伝看板から電話番号を書き写したのでしょう。

今回の出来事、バチカンが壊れたのは偶然ではなく、最初から傷をつけてあったのでしょうか。それにしては、攻めの下手なヤクザです。車の移動に行くさい、声をかけたら戻って、渡したダイヤを素直に持って行くところをみても、プロのやり方には思えません。たぶんCさんは、言いがかりのつけ方を、よく知らなかったのだと思います。この世界でも、常習者になると、対応にかかった時間の代償を要求しますから気をつけてください。

ヤクザにも実力の違いがあるということです。

何はともあれ、ヤクザとの初対決は、何の被害も生じさせないまま、無事終了しました。周りの援助があればこそできたことです。

この一件によって、私の名は店内に広まりました。やがて、「ヤクザには関根」という、あまりありがたくない「評判」さえできてしまったのです。

今回の教訓から、ヤクザとの交渉術をまとめてみましょう。

●服装・言葉・人相に驚くことなかれ。事象の分析を正確に伝えて対応する。
●神妙な顔をしながらも、相手の目に柔らかな目線を送り、目をそらすな。
●預り証のないものを預かるな。また、ダイヤモンドなど貴重なものを置いたまま離席させるな。

●相手が替わってもまったく同じ態度で接しろ。
●どんなに絡まれてもできないことは「できません」と言い、安易に妥協しない。
●大声を上げたり、脅しの言葉を発したら、保安係を呼んで対応する。（そばに居るだけでもよい）
●相手を怒らせないように、慎重に言葉を選んで話すこと。
●別の者が出てきても、なるべく当事者と話すようにする。

もちろん、怒りの理由が正当であるならば、ヤクザだと分かっていても、普通の顧客と同じように接するのは、当たり前のことです。

別のヤクザとの交渉のなかで、こんな言葉を聞いたのを最後に紹介しておきましょう。

「関根さん、俺たち輩《やから》から見たら、百貨店に働く関根さんたちは超エリートの人間に見えるんだよ。だから癇《かん》に障る言葉には、異常な反応を示したくなる。分かってくれよな」

同じ人間同士、心を開けば、相手も普通に応じてくれることは多いのです。

追記：この項の内容確認をしていた二〇〇七年四月、大阪の百貨店から同じような事例の対応につき、「どうしたらよいか」と問い合わせがきました。内容は、バブル期に買ったダイヤのネックレスのメレダイヤ（〇・一カラット以下の小粒のダイヤ）が落ちたので、修理して戻したとき、「石が替わってる」と言われたそうです。こんなことがあるので、注意が必要なのです。

第四話　書籍売り場のカスハラ退治

カスハラの王様

「何でそんな大事なことを、早く言わなかったんだ！」と、私は書籍売り場の社員に怒っていました。現場で何度も繰り返されたカスハラ、それも、セクハラともとることができる事件を処理できずにいたということが分かったのです。

三〇代前半の男が書籍売り場で女性社員を困らせて泣かせるのだそうです。店長や総務担当に、「あなたたちは、そのとき何をしていたのか」と聞くと、その男から先にくぎを刺されたのだそうです。「この女性が嘘を伝え私を翻弄し、無駄な時間を費やしたため文句を言っている。たとえ上司でも、出る幕ではない、この女性が悪いのだ」と。

「それで、対抗せずにそこに居たのか」「引き下がりはしません。そこで動向を確認していました」「つまり、見ていただけじゃないか。それでは販売員が職場放棄して辞めてしまうだろう」「……実は、すでに二名がこの男の犠牲になり辞めています」「呆れたよ、どのくらい前からだ」「かれこれ、三年になります」。実に長期間にわたる被害です。

翌日、旧知の書店役員と本部の部長、店の店長と総務担当の四名を呼び、相談しました。「氏名、年齢、住まい、正体は摑んでいるのか」「Eと言うようです」「役員、これをどうしたいのですか」「出来れば追い出したいです」「そうでしょう、出入り禁止にしましょうよ」

入店規制や出入り禁止にすることは、内容次第で可能です。

しかしEさんと対等に話す度胸のある社員はおらず、ならば、過去の事例を具体的にまとめたものを見て対応しようということになりました。まとめられた書類は温情的に書かれており、そんなものでけりが付くとは思いませんでしたが、私は敵を知るために、Eさんの起こした事例についてじっくり読んで予習しておきました。

ちなみに、この事件の舞台は二〇〇〇年代初期の頃です。当時はカスハラという言葉はないのですが、実態としてはあったのです。Eさんは、いじめが趣味の、まさにカスハラの王様といえる人物でした。現在は、国が規制を掛け、都道府県が条例や規則を作成していているタイミングですので、お客様を出入り禁止にするのはより容易でしょう。

悪質な手口

そして三か月後、対決のときが訪れます。問題となったのは、『徳川家康』の単行本、全二六巻、山岡荘八著の棚です。ご存じないかもしれませんが、棚の本と同じ物はその下の引き出しに入れて在庫とすることが多く、仕事の簡略化をしています。しかも、『徳川家康』のように二六巻もあるものはめずらしく、一から三巻くらいまでは二冊展示し、仮に一巻が売れても、同じ一巻が残るよう品だしをし、その他は各巻一冊ずつ並べる書店が多いようです。

カスハラの手口は以下の通りでした。来店し、担当が若い女性と見ると、二巻のうち一冊を他の棚に移動して、しばらく様子を見ます。そして担当者が離れた隙に、もう一冊を分かりづらいところに隠したうえで、在庫の引き出しを開け、在庫のないことを確認してから、その女性に訊ねるのです。「山岡荘八の徳川家康の単行本で、二巻を探しています。出張で時間がないのですが」「はいこちらにあります」と女性社員は答えるが、あるべき場所にない。慌てて「少々お待ちください」と声をかけ探します。男は素知らぬ顔で別の棚の単行本を見ています。担当の女性は、三〇分前は二冊あったのだからと思い、探し回ります。一〇分もした頃、「ないのかな、電車が一本出てしまったから、探してください」と急《せ》かします。しかしどうしてもない。同僚も探してくれたがない。そこで「もう待てない」と言って、「どうしてくれるんだ。二〇分以上待たされた挙句ありませんはないだろう、通常どんな管理をしているのか、あんたの責任で俺が帰社の電車に乗れない可能性が出た。これも大変なことだよ。相手の企業に迷惑がかかる、どうしてくれる。大きな商談で、それが決裂したら大被害だ、この書店に責任を取ってもらうことになる」と、つじつまの合わない無関係のことを言い出し、焦って理解できない女性社員を、人目もある書籍の棚前で吊るし上げます。「どうしてくれる」を繰り返すうちに、社員が涙目になっても、攻めを緩めません。

この光景を見て、他の社員が店長に救いを求めました。店長がそこまで行き声をかけます。「誰だあんたは」と言われ店長が名乗ると、「あんたは関係ないだろう、この女が『ないものをあると言って引き留め、結果なかった』ことをどう対処してくれるのか。対処出来るなら聞こう」と、そこでも圧力をかけます。

いよいよ直接対決

店長は窮しましたが、私に「今度機会があったら、そのまま連れてこい」と言われていたことを思い出し、「お客様、お時間はありますか。ご足労ですが、お客様と『お話をしたい』と言う者がおりまして、よろしければお会いしていただきたいのですが」「何だ、そいつは誰だ」と怪訝な顔をして探ります。「それが、お客様相談室の者で、『どんな迷惑をおかけしているのかお聞きしたい』と申しております」「時間はさほどないがいいか」「もちろんでございます」。一〇分もして四名がお客様相談室に来ました。店長と書店役員と総務担当、そしてカスハラをしたEさんです。

私も、落ち着いた表情で応接室に通したまでは良いけれど、実は突然のことゆえ対応策は考えていませんでした。しかし、ここで片を付けなければ後に影響が残ります。

「こんにちは、初めまして。お忙しい中、こんなところにご足労願いましてありがとうございます。お名前を伺えますか」

「何で、用件も聞かずに名前を言う必要があるのか」

「では、失礼ながら、お名前が分かりませんので『あなた様』と呼ばせていただきます。

私のところに入っている情報ですと、書籍の店頭でうちの女性社員がよく泣かされるとお聞きしまして、ぜひ会いたいと思いました。当然当方に非があることでしょうから、お詫びするのも私の役目です。お客様相談室長の関根と申します。よろしくお見知りおきを」

と、先鞭をつけます。

「なぜこんなところへ連れて来られなければならないのか、合点がいかない」

「店頭まで戻りますか、そこでも一向に差し支えはございませんが」

と、その会話を遮ります。

「俺が何をしたというのだ」

「その詳細をこれからお聞きして、今後どう対応させていただくか考え、非があれば詫びることでお許しを願いたいのです」

「そんなことはどうでもよい」

「場合によっては脅しで訴えることも考えの中の一つにはあるのです。私まで恐喝されたとは恥ずかしくて言えませんので、慎重に受け答えをしておりますが」

「いいよ、今日は帰る」

と、相手は立ち上がろうとします。

「残念ながら、そのドアは自動で施錠になっていますから、開きませんよ」

もちろんウソです。

「『今井様（仮名）』と、お互いに腹を割って正直なことをお話ししましょう」

自分の姓を呼ばれてギョッとして、Eさんの目が大きくなりました。

「安夫さんでよいのですよね」

と、今度は名を呼びます。さらに、目が……。

「俺が何をしたというのだ、帰りたい」

その通り、書籍売り場に遊びに来ていきなりお客様相談室に連れて来られ、文句を言われているのですから、帰りたいのは当然です。

「こちらも都合があるのです。三か月前の一一月一三日。うちの社員があなたに注意を受け泣かされています。その四か月前、同様に注意を受け泣かされたパート社員は、翌日退社しています。その方は、『会社で訴えを起こしてください』と、言って辞めて行きましたが、実情の詳細を掴めなかったことから、今日まで、延びていました。

その前年も二件記録があり、そのまた前年も一件の記録があります。ほとんど手口は一緒で、『あると言われた本がない』ことで、しつこい攻めを受け、対応ができず泣かされ、当時の上司も追い払われて、遠方から見ているという情けないことになっていました。長いことあなたをお待ちして、やっと会えたのです。よろしくお願いします。今井様」

この名前を連呼する行為は、相手の気持ちを萎えさせます。

「ところで、お叱りにはどんな理由が存在したのですか。今井様」

と、姓を繰り返します。

「嘘を言って客を引き留めているじゃないか」

「そうですか、それでも無視して帰れば帰れますよね。あなたが帰った後、閉店近くから社員全員で、要望された本を探しました。それが、とんでもないところに、逆さまに伏せてあったり、背表紙を奥にして棚に置いてあったり、他の書籍の下の在庫箱にあったりしています。それが延べ三回続いています」

証拠はあるのか

「それは、俺ではなく他人が置いたのかもしれない。俺が置いた証拠はあるのか」

と、相手は少し上向きになり反りかえるような動作をしました。

「残念ですね、あなたは以前店長に名前を聞かれたとき答えています。その店長は、あなたがお帰りになるとき、尾行しておりました。その帰りに立ち止まった場所から、それらの本が見つかっています。それが、何よりの証拠です」

相手は下を向きました。

「恐喝で警察に通報します。そうすれば、その証拠を固めてくれることでしょう。訴訟はその辞めたパートが起こします。営業妨害を被ったのは当社になります」

相手を追い詰めるときです。役員、店長に目配せをして、たたみかけます。

「今井さんのお住まいも分かっております。もし引っ越していれば、警察から行政にお願いし引っ越し先を確かめます」

相手は観念し、黙っています。

「私は、あなたと約束をしたい。今後当店への出入りはやめてください。書籍売り場だけで結構です。書籍売り場の前は通路の通行だけにしてください。もし、ご購入したいモノがあるならば、私かこちらの役員が対応をさせていただきます。よろしいでしょうか。当店にとって大事なお客様を罪人にはしたくありませんので、三年間くらいは我慢してください。ただし、記録はすべて残しておき、近在の警察にコピーを渡します」

相手はうなだれたまま、応接室の出口に向かいました。その外には、二名の書籍販売員がいて見送りました。私と役員は「これで収まるでしょう」と言い、遅くなった食事に向かいました。それ以降、全く来店しなくなりました。

店の近くには、大通りを一つ挟んで、書籍の専門店ビルがあります。今頃そちらに行っているのでしょうか。業界は狭く、そこの幹部も同系列から分かれた旧知の方ばかりです。カスハラをすると、内容をよく知った社員が対応することでしょう。

第五話　軟禁事件

「未定」騒動

次の事例は、最初は「言葉たらず」から始まりました。

地方のある店舗でのことです。係長が「お客様相談室」にやって来ました。

「お客様にメモを書かされました」

そこには葉書大のメモに、「CDケースはいつ入荷するか未定です」と書かれていました。

「実は二〇分ほど前、『このことをメモに書いてよこせ』と言われまして、書かされました。言葉はきつくヤクザのような感じの方でした」

内容をよく聞くと、事件が起きたのは、雑貨の有名ブランド「無印良品」の売り場でした。当時、この商品は、大量に発注してコストを下げ、売れ行きによって再発注する供給方式でした。ですから、本社仕入れ部でも入荷予定が確定できない状態が、しばしば生じるのです。

今回、来店いただいたお客様、Dさんは、この「未定」という言葉にカチンときたようでした。

そこでこの言葉を発した社員に、名前と時間と発言内容を書かせ、証拠として持ち帰ったのです。

その報告を受けてから二〇分ぐらいしたとき、店長あてに電話が入りました。

電話交換手が内容を聞くと、「クレームです」

そうなると、苦情対応では店長と同じ権限を持つ「お客様相談室」室長、つまり私の出番となるわけです。

さっそく電話でのやりとりが始まりました。

「店長さんか」

「いえ、お客様相談室長の関根と申します」

「店長はいないのか」

「おりますが、ご用件は私が承ります」

「俺は店長を出せと言ったんだよ」

「お話の内容しだいでお取り次ぎをいたしますので、どうかご説明願えますか」

どうやら帰路の車中で、携帯電話からかけている様子でした。

「お前の立場はどうなっているのか」

「私の立場は、店長と同権限でお話を聞かせていただき、お返事をさせていただきます。また本部には直結でございますから、何なりとお話しいただきますようお願い申し上げます」

そう話すと、ようやく、「分かった。では話す」となりました。

ひとまずの終息

話の内容は次のようなものです。

「今日、俺は娘に頼まれて、化粧品を入れるケースを買いに行った。以前、購入したものと同じものがないので、確認したら『入荷は分からない』と言うんだ。それで、近くに似ているものがあったから、『これでいいよ』と言うと、『その品物は展示用のケースです。商品ではありません』との返事だった。それでも『譲ってくれないか』と頼んだが、『だめだ』と断られた。探している商品について、『ではいつ入るのか』と尋ねたら、『未定です』との答えだ」

これでおおよその会話は分かりました。Dさんの怒りは、このときの「言葉」にありました。クレームの内容は、こうしたものでした。

「お前のところは、商品入荷に『未定』という言葉があるのか。いま俺は、その売り場で『未定』と言われたが、予定ぐらいは分かるだろう。予定も言えない商品が存在するのか」

ごもっともな問い合わせでありました。言葉は大声ではないが、しつこそうで強く、相当クレームすることになれた方だとすぐに察しました。

私はすかさず、「申しわけありません、まさに言葉のとおり『未定』なのでございます」

すると、「お前は誰だ」

私は、「先ほども申し上げましたが、お客様相談室長の関根と申します」

「お前までとぼけたことを言うのか。未定ではなく、『予定はいつ頃です』ぐらい言えるだろう。納品している会社に聞けば分かるはずだ。いい加減なことを言うな」と語気を強めてきました。

私はこのブランドの供給方式を充分理解していましたので、再度、「申しわけございませんが、確かに『未定』なのです」と言い、その後に、理由をお話ししました。

しかし、Dさんは納得しません。

「もういい。分かった。お前まで『未定』と言うんだな」

「はい。申しわけございません。ご連絡先が分かれば、入荷が判明ししだい、ご連絡を差し上げますが。いかがいたしましょうか」と言いましたら、「もういい」とひと言言って電話を切られました。

乗り込んで来るかな、と思いました。でも、相手には正直に言っているので、なぜか気持ちは落ち着いていました。

会話をしている最中に、相手が何かを悟ったような感じを受けたのでした。案の定、この件はこれで終わりました。しかし、Dさんとの間には、第二陣があったのです。

クレーマーの再登場

その後も私は、平常どおり勤務をしていました。

地方の小型店の場合は、いつも苦情が入るわけではありません。販売額規模で年間二〇〇億から三〇〇億円程度ですと、件数だけでいうなら、月にして二五件くらい。ごく小さいものまで入れても、四〇件くらいだと思います。

もちろんこの数は、「お客様相談室」に届くものだけ。店頭における些細《ささい》な苦情・クレームをカウントすれば、この五倍くらいにはなっていると思います。

さて、「未定騒動」が起こってから三か月ほどたち、記憶から薄れだした頃です。たまたま私は、課長会の徹底事項として、「お客様の苦情がどんな状態であっても、店長は簡単には出向きません。現場では課長が受け止め、そこで解決できない場合は、販売部長に報告し、販売部長よりお客様相談室への出馬要請があれば、室長が出ます。店長は事故や社に関わる重大事のときに出ます。もちろん室長で話がまとまらないときは、店長の出馬も要請します」と連絡をしました。

その連絡を流した一週間後の朝、出社すると、昨夜ある課長が軟禁されたことが話題になっていました。ただごとではないので、その課長に連絡したら、すでにこちらに向かったとのことです。

まもなく趣味雑貨担当の課長が出社しました。報告によると、こういう経緯だったようです。なお、「無印良品」のショップも偶然この課長の管理下にありました。
1. 昨夜九時ごろ業務を終え、帰路についたところ、社員入退店口で警備員に呼び止められた。
2. 聞くと、「お客様から電話が入っています」とのこと。電話口に出ると、「今日求めたボタンの数が足りない。すぐに謝罪に来い」と言われた。そのまま誰にも告げず、お客様宅に向かった。
3. お客様宅は徒歩一五分くらいのところ。
4. 着いてすぐ、ご主人から苦情を聞かされた。過去の苦情も含め、延々と説教され、帰宅を許されない。
5. 三時間たって、深夜の〇時に帰宅の許可が出た。
6. そこへ今度は奥さんが出てきて、延々と話す。とうとう午前二時になった。
7. 明日、店長を連れて謝罪に来ることを約束させられて、放免された。
どうやら相手は、あのＤさんだったのです。

「ふざけんな！」

今回の苦情内容は、こんなことでした。

Dさんは当日、ワイシャツを三枚、ご購入されました。おしゃれな方で、すべてのボタンを高級なものに替えようとしたそうです。

そしてホビーの売り場でボタンを求めたのです。しかし、帰って確認すると、ボタンが足りません。ワイシャツ一枚につき二個、計六個不足していました。

数えたのは、当社の社員であるとのご指摘です。

確かに数えたのは、当社の社員であったのかもしれません。どうやら、既製品では袖口に二個ついているのを、一個として数えたようです。しかし、通常は一個で役に立つはずです。「数え間違い」と決めつけるのは無理があります。

ただ、そこに行き着くまでに、さまざまな不快感を与えてしまったようです。

「品揃えが悪く、最初に気に入ったものは、『数がない』と言われた。二番目に気に入ったものも『数がない』。そして三番目もなかったらしく、次のもので我慢したら、このありさまだ」

すでにその時点で、相当頭に血が上っていたのでしょう。三枚で三九個ですから、小型の百貨店ではなかなか揃わないかもしれません。

さて報告を受けた日が、店長を伴って行く約束をした当日でした。

私はこの課長に、先週の朝礼であれほど「店長は出さない」と言ったのに、どういうことだと問い詰めました。答えは、ともかく帰宅させてくれないので、仕方なく条件を呑んだ、ということでした。私がこの課長だったとしても、やはりそう言ってしまったと思います。

先方の狙いは、店長に近づき、名刺交換をして知り合いになることでした。

そのための方法は、何でもよかったのです。

そうはさせません。

「俺が行く」

すぐに、Dさんに電話をしろと課長に命じ、目の前で電話をさせました。

相手は出ました。

「店長さんと来るんだろう」

「申しわけありません。お客様相談室長の関根と伺います」

「お前、それじゃあ言ってることが違うじゃねえか。店長と来いよ」

「いえ関根と」

「ふざけんな！」

即座に私が電話に出ました。

「関根です。申しわけございませんでした。まずは私がご訪問させていただきますので、お話をお聞かせ願えないでしょうか」

「俺はあんたにも文句があるんだよ。あんたに文句があるのに、本人が来てもしょうがないだろ」

Dさんは、数か月前の「未定騒動」のやりとりでの、私の声と立場を記憶していたのです。恐ろしい記憶力だなと感じました。

「店長さんをよこしてくださいよ」

「いえ、私が」

そこで「ガチャン」と、電話は切れました。

課長は私に命じられ、すぐにもう一度、電話をしました。

「夕方五時にまいります」

「分かった、店長と来いよ」

さて店では、さっそく対応会議です。店長、部長、私に総務課長、担当課長、安全管理課長。私の腹は決まっていました。メンバーも私を送り込むことで、気持ちは一つになっているのですから。

自宅での対決、第一幕

午後四時四〇分。課長とともに、Dさん宅に出向きました。七分ぐらい前に着きましたが、待機しました。そして、二分前に課長が、「こんにちは」と声をかけました。このような稀有な方は、指定時間五分前でも「指定時間は何時だった」と言い、定刻を告げると、「ぎりぎりまで仕事をしている俺の邪魔をするな」と、一喝して優位に立つこともありえると考えたからです。

奥から「どちらさん」

課長「昨夜は失礼いたしました。百貨店のMです」

奥から「店長と来たんだろうな」。声はすれども姿が見えません。

「いえ関根とまいりました」

「約束が違う」と、相手は黙りました。

その間三〇秒ぐらいでしたが、長く感じました。

私は「もう一度言え」と課長を促し、「お客様相談室長の関根とまいりました」

「だからさ……」と、Dさんが言いかけたときのタイミングをはかって、私が声をかけました。

声のトーンを落として、「お客様相談室の関根です。お話だけでも聞かせてください」

数秒間の沈黙。

「しょうがないな、上がれや」

第一関門突破です。

お部屋に通されました。といっても、営業の現場事務所です。

お仕事は紙製品の卸業者です。長テーブルの一角に社長のDさん。角をはさんで私、その左に課長が座り、一通りの挨拶と謝罪を述べました。

社長も店長でないことは不服でしょうが、いちおう、相手をしてくれました。

「あなたは以前、CDケースの納期を聞いたとき『未定』と言ったよな。あれはどういうことかな」

さっそく始まりです。

最初は今回のクレームではなく、この対応に参加した私を不利な立場においてから、本題に入るつもりのようでした。

私を不利にしておくことで、店長の出馬をもくろんでいるのでしょう。

私は、最初の質問に慎重に答えます。「未定騒動」の一件です。

「前回は言葉・対応とも乱暴であったかもしれません。申しわけございません」

「『未定』というのは、ないんでしょう?」とDさんは聞き返します。

今回は前回のように、簡単に「あります」とは答えません。

「取引先の本社に確認させていただきました。そこで安堵《あんど》いたしました。確かに『未定』は、今もあるという返事です。しかし、D様がお困りになったように、他のお客様・販売員も困るので、『未定』というのを改善していただけるよう努力してください、と申し入れました。その節は本当にありがとうございました」

と、第一声の質問をかわしておきます。

ここで前回のお礼を言われるとは思っていませんから、Dさんも「エッ!」というような顔を一瞬しました。

「いろいろ大変だな」との返事さえもらいました。

そのうえで、本題に入ります。

Dさん「聞いてもらっていると思うが」

私、即相づち。「昨夜は夜更けまでご迷惑をかけました」

そのひと言を言ってからは、ただ聞くだけ。「ごもっともです」という言葉を変えながら、目を見たり、テーブルの上を見たり。

静行話法

課長には、家に入る前に、このように指示しておきました。

話が始まったら手帳にひと言ひと言メモをしろ。

乱暴な言葉や恐喝があったら、俺が時間と言葉を繰り返して言うから、それを正確に書き取れ。

相手二人が細かくメモを取っているので、Dさんも慎重に話しています。そのため言葉はゆっくり、少なめでした。

私がひたすら丁寧なお詫びを続けていますので、先方はどこで突っ込んでいいのか戸惑っております。まさに「暖簾《のれん》に腕押し」「ぬかに釘」の状態。これでは相手も、どうしようもないのです。

そんなこんなで、すでに四〇分経ちました。

Dさんは話を切り替え、私に突っかかり、ボロを出させ、絡みの糸口を見いだそうとしました。

「あんたは、謝《あやま》り方がうまいだけだな」と来たのです。

Dさんは電話と違って、面と向かうと怒鳴ったり罵声《ばせい》を上げたりはしません。

こちらも、怒鳴られるような対応をしていません。正確に言うと、「怒りに切り替えることができない状態」を話法で保持しているのです。これを静行話法と名付けています。

これは神経を使います。この静行話法を続けながら、相手が尻尾《しっぽ》を出すまでジーッと我慢をし続けます。

相手も、このままでは終わらないのが分かっています。お互いがタイミングを待っているのです。怒りを出させないようにして、タイミングを待ちます。

今日は五時間以内で片付ければ、昨夜の軟禁状態より短いので、成功と言えるのではないか。私はそう考えていました。

別のネタがあった!

「あんたは、謝り方がうまいだけだな」

何かヘンだと思いました。

「何ですか」と聞き返します。

「謝り方だけがうまい、と言ったんだよ」

私はちょっと考えるふりをして、眉間《みけん》にしわを寄せたうえで、「待ってください、Dさん、それじゃあ俺が今まで謝罪で頭を下げていたというのは、嘘だと言うんですか。信じてもらえてなかったんですか」と、ほんの少し語気を強めます。

それまでは、D様とか社長という呼び方をしていました。自分のことは私と言っていましたが、この機を逃さず「Dさん」と「俺」に瞬時に切り替えます。ヤクザのような接し方をする人は、そこらへんは敏感で、自らが失敗の会話をしてしまったときは、すらすら話せる通常業務の話題に持ち込みその場を逃れます。話が始まると、聞く側に回ればこの場の状況が理解できます。

すぐに相手は、話題を変えて、自分の職業の話を始めました。

そこからは相づちを打てばよいわけです。時々、「当社も同じ苦労をしていますよ」ぐらい言っておくと、本当に嬉しそうに話を続けます。

この話は延々一時間半、続きました。

さて、始めてから二時間が経ちました。こちらの誠意ある謝罪が通じて、お暇《いとま》できそうなムードになりました。夜七時です。

そのとき、相手は三段目の攻撃を仕掛けてきました。しまった！　まだネタがあったのです。

「お店はそろそろ終わるよね」

「はい」

「おかしいな？」

そんなふうに始まりました。

「何か」

「いや、昨日ね、時計の値段を一つ、調べてくれるように頼んだんだ。もう終わるのに連絡もないのかな」

何のことか分かりません。情報のないことをいきなり切り出されたのです。冷や汗が背中を流れます。

「俺は昨日、連絡先に会社の電話番号を教えてきたんですよ。普通の会社なら、五時半か六時に終わると判断して、それまでに連絡はしてくるよね」

ここで弱みを見せるわけにはいきません。

店内では時計を扱っているところが、五か所ぐらいあります。当然一番規模が大きいところで、高い時計があるショップとは思いますが、ここで「どこですか、担当は」とは聞けないのです。それを聞くと、またこちらが弱者に戻ってしまうからです。

ここは意地で、「男っぽいところ」を見せます。この相手にはそんな対応が有効であると見抜いていました。それに、これが勝負の分かれ目です。

攻防戦は演技戦

私はここで、大きな演技に入ります。最後の幕引きも計算しての行動です。ひたすらメモを取っていた課長に向かって、怒鳴るように言いました。

「おい、すぐ会社に電話をしろ。部長に頼んで、昨日、D様の時計の見積もりを約束した者を、すぐに探し出して返事をよこせ、と伝えろ」

「はい」

課長は外の公衆電話に走りました。

課長が出てから数分して、Dさんは思い出したように、「あ、そうそうT時計店だよ」と言います。

私は、時間はいくらかかっても、必ず担当した者を探し確認します、という態度をとり続けます。

やがて課長が戻りました。「部長に伝えました、すぐに招集をかけるそうです」

「時計屋さんを教えていただけた。T時計店だそうだ。もう一度電話をしろ」

「はい」と、また課長は外に走ります。

Dさんはここで、もらった名刺を出してきました。担当者の名前が分かりました。

「この者ですか、申しわけございません」

話を交わしていくうちに、（どうやらDさんは、今日返事が来なくてもいいような言葉づかいで、価格を調べてくれるようあいまいに頼んだのだな）と分かってきました。

そして、その頼まれた社員は、本日休みであろうことも。

課長が戻って来ました。報告を受ける前に、「D様が担当者の名前を教えてくださった。もう一度行け」と言いました。

「はい」と名刺を借りて課長が再び出ようとすると、Dさんは、「ここの電話を使っていいよ」と促します。

「いえ、けっこうです」

「使っていいよ」と、Dさんはしつこく言います。

「D様、ご冗談でしょう。お客様宅のお電話を拝借なんてできませんよ」

「いいよ、使って」

とうとう私は、「D様、この電話では、課長が内緒話ができないじゃないですか」と言って、にやりと笑ってやりました。

Dさんもそれに返し、にやけます。

私は、「行って来い」と言って、課長を外に出しました。

すでに返事は分かっています。「担当者がお休みで連絡がつきません」のはずです。

しばらくして、課長が少し困った顔をして報告しました。

「本日は休みで、自宅に電話をしたのですが、まだ連絡がつきません」

即座に私は、「D様、申しわけない。明日そいつを連れて来ます」と立ち上がり、「今日は勘弁してください」と、今までにない大きな声で一気に話し、二人で深々と礼をします。

Dさんはその声と態度にびっくりした様子で、「分かった、明日でいいよ」つい返事をしてしまったようです。

「懐《ふところ》に飛び込む」方法

結果的にその日は、二時間半で終わりました。

会社では私たちを送り込んだあと、いつ帰って来るか、心配をしてくれています。前回は「軟禁状態」で、深夜遅くまで帰れませんでしたから、今回も、と心配されるのは当たり前です。

ところが閉店まもない時間に帰ったものですから、逆に大騒ぎとなりました。

みんな顔が笑っております。私もホッとしました。店長と部長もニコニコで、さっそく単身赴任組はいつもの酒場に繰り出しました。

もちろん店長も部長も、一緒に行った課長も加わり、一〇人を越えた飲み会で、この日の酒は美味しかったです。

さて、残された時計の件ですが、宝石をちりばめた一四〇万円ぐらいのものでした。私はそれを見せられたとき、Dさんであっても、ご購入いただけたらありがたいな、と思いました。

翌日、その時計の担当者と午前一一時に、先方に出向きました。「トップス」のケーキを持って。ケーキを持っていくことが一番効果があると思ったのです。

なぜなら、今までの経過を思い出してください。最初の「未定騒動」のとき、Dさんはお嬢さんの使いで来ています。そして前日謝罪に行ったとき、そこで事務をしていたのはお嬢さんでした。ということは今日もいる、と判断しました。だからケーキです。

事務所に上がり、昨日のお礼と時計の報告が遅くなったお詫びをし、そして担当者からの直接のお詫びです。

Dさんから、「どうぞ」と椅子をすすめられましたが、私だけ座って、担当者には「そこに立ってろ」と命じます。すでに詳細を聞かされており、通常どおりの対応をすると長びく、と判断しました。

続いて「何を、ボサッとしてるんだ、早くお嬢様にお土産をお渡ししろ」

「は、はい」と言って、担当者は彼女に渡しました。お嬢様はDさんに向かってにこやかに、「いただきました」とひと言。Dさんは実に嬉しそうでした。

そこで、「いいよ、お前はもう帰れ」と私が命じました。

もう一度詫びを言ってから、時計売り場の社員は退去しました。この社員とも通常は仲がよいのですが、このときの私の態度には驚いたと思います。

私は、肝心なことを切り出しました。

「D様、ぜひ買ってください。ここまで値段が出ております」

価格を提示しました。

「もし今回の詫びで、『もう少し安くならないか』とおっしゃるなら、私に言ってください、勉強しますから。気が向いたら、ぜひご連絡ください」。ここでは失態を忘れたように、商売中心に話しました。

そう言い残し、私が退去したのは、訪問してから二五分後でした。

その後、残念ながら注文の電話は来ませんでしたが、このトラブルのあと、奥様とも店頭でご挨拶をさせていただける機会があり、私が転勤するまでの二年半、うまいお付き合いができ、いろいろご指導いただきました。

うまくお付き合いできたのは、Dさんと最初に対応したとき、四〇分間に二回、「私の会社は金銭的解決はいたしませんが、誠意を持ってご対応させていただきます」とはっきり言っていたことが大きかったと思っています。

金銭での解決は、その場しのぎで早く終わらせたい、というこちらの弱い姿勢から出てくるものです。できる限りこれをしないのは、私たちの基本方針です。

今回の教訓は、次のようにまとめられます。

- 苦情の対応は姑息《こそく》な手段を使わず常に正面から。
- 真実のみで話をしろ。曲げて話すと戻るときにボロが出る。
- お客様の大事にしたいところを常に見抜く。ここではお嬢様がポイント。
- 謝罪だけでは苦情は終わらない。相手の出方をよく見て、懐に飛び込んでいかないと、相手は本音で話さない。
- 手帳に書き取るとき以外は、常に相手の目を見て、お聞きする。
- 表情は申しわけなさそうに、苦渋の表情を浮かべる。
- きっと分かっていただけると思いながら、お話をすすめる。

●特殊な人と思わず、自然な対応がお客様の気持ちをラクにする。

ここからは、もう少し踏み込んだ話です。実は、その後Dさんと良いお付き合いが出来たのには、もう一つ理由がありました。Dさんの企業は雑誌の制作や、新聞事業を取り扱っておりました。すべてが解決したとき、私は、新聞を取りたいと申し出たのです。常に新聞は二紙購読していましたが、その一紙を変更する予定があったのです。そこで、お願いをしたわけですが、相手も商売ですから、遠慮して「いいよ、新聞なんて取らなくても、無理しないでいいよ」と言いました。「いやいや私は以前からその紙聞を読みたいと思っていましたのでぜひ」と言うと、さらに「いいよ、いいよ」と言います。それでも強く申し入れると「そうか、申しわけないな」と言いながら、にやけた顔で仕方なさそうに契約書を出したのです。それに住所とサインをして提示すると、受け取りました。

つまり、この時点で双方がお客様になったわけです。このくらいのことでは、クレームが減るとは思っていませんが、それでも、購読者の集合体は個人の力など問題にならないくらい強いのです。この人の客になったことは、そのくらいの力を得たことにもなり、何よりも挨拶したとき、「やぁ、こんにちは」で済むようになるのです。

この契約が済んだとき、これからこの店で活躍するお客様相談室長に対する手綱を少しでも和らげていただけたら楽だなと考えていました。それからは、お互いに紳士的なお付き合いが出来ました。

第六話　クレーム解決の場「天将」二題　酒飲みと美女

地元ならではの解決法

今回ご紹介するのは、つくばに赴任していたときの事例です。冬でも平均気温が九度前後と暮らしやすい温暖な気候が特徴で、市の北部には風光明媚な山があり、雄大な自然と、高度な都市機能が両立していることも住みやすさの理由です。この街には日本有数の大企業の本社や研究センターも数多くあり、研究学園都市とも呼ばれています。さらに、芸術的には音楽、歌舞伎や各種国際コンクール等の開催も多く、恵まれた環境です。

私はこの地でも、お客様相談室長を務めました。車社会、食と地元民との接点は、生きていることが心から楽しくなるような生活でした。ここで遭遇した苦情もたくさんあり、土地柄特殊な強敵もたくさんいましたが、受けながら学びうまく対応ができたと思います。

馴染みの店も沢山できました。中でも「天将」という天ぷら屋さんにはよく行きました。このお店のおかげで、二件の苦情が「地元ならでは」のやり方で解決できました。なんだか分からないでしょうから、じっくりお話しします。

最初に紹介する事例のお客様は頑固者、五〇代後半の個人経営の指物師で、気風《きっぷ》のよい方でした。百貨店内の居酒屋で出したお通しが傷んでいたことが問題の始まりでした。時間は夕刻の六時過ぎ、ご夫婦で来店されており、ご主人が飲み、奥様はドライバーだったのでしょう。店からお宅までは約七キロ程度でした。

お酒を注文、そのお通しが出ました。それを召し上がったご主人は、傷んでいることにすぐに気付き、「何だ、これは！」と大声を上げました。奥様は大声をなだめたようですが、こんな状況では怒鳴っても許されます。なぜなら、ひどければ命取りになるのが食中毒ですから。対応に出た居酒屋の店長は言いわけをして、その説明がまずかったのでしょう、怒りは膨らみ事務所へ連絡が入りました。運良くか悪くか分かりませんが、私は所用で外出中、対応に出たのは私の部下と総務課長でした。

対応方法が分からない

謝罪中に帰店した私は、タイミング的にすでに出る幕ではなかったため、居酒屋の入り口からのぞき見をしました。何を話しているか聞こえませんが、二人とも謝罪の姿勢になっていません。総務課長は、業務上の癖か、謝っているのでしょうが頭の下げ方が軽く、話をするときに二人は腰も折らず突っ立っていました。部下は部下で、総務課長がいる手前割っては入りません。この状況では、ここでは収まらないと直感しました。

お客様がお帰りになって、戻った二人と居酒屋の店長から話を聞きました。結論は、お怒りは収まらず、「明日、自宅に説明に来い」でした。ここからは私の役目です。

総務課長は「お客さんも酔っぱらっていたから」とごまかそうとしますが、責任転嫁が得意な男ですから、信用していません。部下はまじめなのですが、状況判断が少し苦手で、ただ頭を下げることに終始するタイプですから、相手の怒りを増すこともあります。

今回のような場合は、もちろん謝罪はしますが、それよりも体の心配に気持ちが傾いている姿を見せねばならない事例です。例えば「急ぎ病院へ行きましょう」と、強く推すことで、「そんな大げさには」という気持ちになり、気分が和らぐのですが、その話術はどちらも持ち合わせていなかったようです。居酒屋の店長になぜ傷んでいたのか確認をすると、この品はランチセットの残り物で、そのこと自体に問題はないのですが、保管が悪く冷蔵庫に入れてありませんでした。これでは最低のお店です。時期は六月ですから、食べ物が一年で最も傷みやすい時です。この件には、怒るより呆れることが先でした。昼食に使用した温度管理が出来ていない食材は、処分するのが当然です。残っていた数を聞き、処分を終えたか確認して放免しました。

翌日、私がお客様の自宅を訪問しました。対応した部下も連れていきます。初対面ではない者を同伴すれば、多少気分が違うはずですから。入り組んだ場所に工場がありました。硝子戸を開け、声をかけ、出てきたご主人にご挨拶をして、昨夜の謝罪と留守を詫びました。工場のおっさんというムードはなく、最初から居酒屋の経営状況、本社の所在地、社長の名前、店舗数などについて質問されました。これは、情報を身に付けておくという先制攻撃ともとれますが、お客様に悪意はないようだったので、真摯に説明をしました。

私は経緯の説明をして、保管の悪さを正直に伝えることが解決への近道と判断し、素直に謝罪をしました。そこで、来店理由をお聞きすると奥様の誕生日だったのです。これで、今回の犠牲者は、ご夫婦共になります。その想いが昨夜の怒りだったとも察することができます。

話は進み、「今後どうするのか聞きたい」と言われましたが、これは相手が何を望んでいるのか、判断が最も難しい会話です。相手への対応なのか、居酒屋内の改善なのか、傷んだ食材の保管状況なのか。職場には当然冷蔵庫はあるのですが、カウンターに置ける小型のものがなく、食材の安全には小型冷蔵庫を購入し、よく使う食材を専門に入れて置くことを提案しましたが、「無駄だ」と言う返事一言、システムを根本から変えなければ、同じことを繰り返すと指導される始末でした。「その結論を持って再度来てくださ い」という難題をいただき、帰路に就く前に、お詫びの品（和菓子）を提示しましたが、「勘違いしないでください。そんなもの欲しくて呼んだわけではない。お持ち帰りください」と言う。再度お詫びの気持ちですからと伝えたのですが、「いらない、持ち帰れ」と柔らかい声で拒否されました。

その場は、深く礼をして退出しました。ただ、この先の回答が見つかりません。帰路考えながら社に着きました。出来ることは、今後の対応について理路整然と説明をして、納得していただくことですが、ご本人にとっては、それを聞いても何にもなりません。後のお客様に迷惑がかからないだけです。かと言って、金品を要求されている雰囲気でもありませんから、ご提案してもさらに怒りをかう可能性があります。これには悩みました。

こんなときは、良案はなくとも再度訪問して話し込むことが有効です。ここには人の心理が働き、何度もその人物と会うと、現代的に言えば自分の脳のＡＩが働き、知人認識をして、親しみが生まれることがあります。再度訪問した日は、ご主人不在、奥様だけで、運良くお誕生日の出来事のお詫びが出来ました。ご主人のお帰りは遅いということで、待つことなくその日は帰社しました。奥様との会話で、ご主人はお酒好きという情報を得ることができ、その後の対応に生かすことにしました。

意外なアイディア

話は逸れますが、舞台になる、天ぷら屋「天将」の紹介をしておきます。

ことのご縁は長く、九年来の客として大将とお付き合いをさせていただきました。

現在はお歳《とし》を召し引退、店舗はたたんでいます。私は月に二、三度訪問していました。

そこのお客様と親しくなりゴルフコンペにも参加させていただいたりしました。大将は千葉にお住まいですが、今もご健在です。

二度目の訪問の帰路、客宅と「天将」が歩いて行ける近さであることを認識しました。そこで閃きが生まれました。

後日、仲間内で宴会を開く予定があり、そこにご主人をご招待することを思いついたのです。解決策を思いついたわけではなく、ただ、酒飲みであれば、呼んだら来るだろうという読みです。その席には食品の惣菜女性店長二名もいます、物おじしない元気な方たちで、地元住まいということもあり、話も盛り上がるだろうという思いはありました。

「苦情の謝罪とは関係ありませんが、近くのお店が行き付けだったので」と、ご主人にお声がけすると、先方は、（当然ではありますが）何となく遠慮がちで、当日は同業者の寄り合いがあると言い、その後行けたら行くと承諾を得ました。

当日、我々はひとまず先に飲みはじめましたが、ご主人は八時になっても来ません。ご自宅にお電話をすると「まだ行っていませんか」と奥様。「分かりました、電話をしてお邪魔させていただくよう伝えます」と。このご夫婦の間も面白い感じがしました。

それから三〇分もして、他の客はほとんど帰り、小座敷の我々だけになったとき、「ガラッ」と玄関が開き、主役登場です。顔は真っ赤、「女房に言われて立ち寄ったが酔い過ぎたので今日は遠慮する」と、迎えに出た私に言います。「そんなこと言わずに、一杯だけでも」と勧める私、苦情のことなどどこ吹く風。するとさすが酒飲み、座敷を覗き、「じゃあ、少しだけいいかな」と上がり込みました。それから、一時間盛り上がりました。ご主人は喜び大はしゃぎ、土地特有の情報を話し盛り上がり酔いをさらに深め、呂律《ろれつ》が回らなくなったので、お開きの宣言をしてタクシーを呼び、ご自宅までご主人を送り出しました。お見送りのあと、宴会で遠慮なく騒いで友達のように言いたいことを言ってくれた、二人の女性に感謝して、大将に聞きました。「あの方は、来たことありますか」「いや、初めて見たよ」と大将。大将も終わりにして飲みましょう、ということで、大騒ぎは終わりました。

その翌日のことです、電話が入りました。奥様から「昨夜はお世話になりました。醜態をさらしたことでしょうが、勘弁してください。主人に変わります」「こんにちは、関根さん。昨日はありがとう。迷惑をかけなかったかな、俺記憶が飛ぶほど楽しかったよ。お世話になりました」「いえ、こちらこそ、面白いお話を聞けて楽しかったです。

またお時間があったら一献やりましょう」「よろしくお願いします」

この後、その方とは会うことはありませんでしたが、間違いなく来店してくれている自信がありました。

ここで気づいたことは、苦情の解決手段は万策あるということでした。この仕事を始めて三か月した頃、カスハラに近い長電話をしてくる酔っ払いの客と、ご縁があって飲んだら、その後よいお客様になっていただき、奥様もご一緒に何度も来店してくださったことがあります。その経験が、今回の閃きをもたらしてくれたのかもしれません。

沈んだ顔の美女

さて、もう一つの事例をご紹介しましょう。

宝石売り場に、接客のうまい可愛い女性販売員が居ました。中年から高齢者にはすこぶる人気もので、常に良い成績を上げていました。彼女の店の店長と私は飲み仲間で、彼は地元生まれで財産家、そのため情報が早く確かなことからお世話になっていました。その宝石売り場の彼女も、稀に我々の行くゴルフにも顔を出していたので、よく知っていました。

どこの店舗に行っても、お客様相談室にとっては、地元の住人である社員が最高の支援者です。中には苦情を言ってきたお客様が親戚だと言う社員もいて、「そんなこと、問題にするなって叔父さんに言っておきますよ」と言いだし、こちらが慌てて「それはダメだよ」と言っても、後日そのお客さんが地元の野菜をもって、「姪がお世話になっていたなんて、大変失礼した」とやって来て解決、なんてこともありました。どうなっているやら。

話は逸れましたが、その宝石売り場の彼女が「関根さん聞いて」と言うので話を聞くと、「母が困っているの。『もうこの店には二度と来ない』と、お得意様に言われたんだって」とのこと。「何で……それよりもあなたのお母さんはどのお店にいるの?」「三階の婦人服のショップ○○に」。そんなこと知らなかったし、親子で働いていることも知らなかったと驚くと、「でも、母は関根さんを知ってたよ」と。「そうか、でどんな内容だ」「それは直に聞いてよ」ということで、その母親である販売員に話を聞きに行きました。

今回苦情を申し立ててきたのは、開店以来の大事なお客様でお得意様とのこと。

「その方が、この店で嫌な思いをしたので、もう来ないと言っているのです。内容を聞いても話してくれず、来なくなる前に、お客様相談室の担当者に話してとお願いしたら、嫌々でしたが、承知してくれました」と言うのです。このとき、なぜか、私の力でも何ともできない状況にあると感じました。それでもお客様の声を聞いておくことも大切なことで、事実なら、嫌な接客をした者の退店も考えねばなりません。

約束の日、お客様と店頭で会いました。おそらく三〇代中頃、すこぶる美人の方で、片足が少し悪いのか歩き方が少し不便そうに見えました。

一言二言交わし、長くなりそうですから、お茶でも飲みながら、と喫茶に誘いました。快く承諾して「この服の支払いを終えたら参ります」と。

待つこと一〇分、彼女が現れました。喫茶で話を始めましたが、私の方が緊張しています。長年のお礼を言い、探りを入れます。彼女が言うことには、販売員の態度と言葉遣いで傷ついた。こちらとの接客中に、販売員の知り合いが来店したら、そちらの接客を始めたというもの。声をかけたら「しばらくお待ちください」と言われ、結局その知り合いは世間話だけで帰ったようだった。その後、戻ったがその間一五分も待たされたのに、販売員は「お待たせしました」と口だけ。気分が悪くなり、買う気だったがやめて、「また来ます」と告げたら「気分を害しましたか」と言ったという。

また、嫌な思いをしたのは婦人服売り場だけではないそうです。別の日に物産展で食品を購入した際、衛生面で気になることがあったので注意したら、「買うのは、許してくれる方だけでいいんだよ」と店員に言われたとのこと。店員のおじさんは物産展の販売員で東北弁のような感じだったということから、百貨店の社員ではなかったのでしょうが、それにしても大百貨店が指導も出来ていないとはどういうことか、たった一週間の催事でも、扱う商品は食品なのだから、衛生面は気をつけるべきとお叱りを受けました。

そして、自分は開店以来一七年もお客として通ってきている、販売員の方もよい方が多い、東京まで行かずともこの店で欲しいものはほぼ揃う。通勤する会社と自宅との、ほぼ真ん中辺にあるこの店は私の宝ものでした。それでも、もうこの店を諦めます、と続け、沈んだ顔になりました。

美味しいお店をご存じですか

それから彼女は街の話に移りました。世界的なコンサート会場ノバホールがあるため、世界でも有名な演奏家が、来日の際には二番目にこの地に来る。音楽を聞き分け理解できる観衆が多いことを知っているからでしょう。また、研究所も世界に対抗できる組織が活動しています。そして、広い公園も数多く、間もなく都内から電車が引かれる予定になっています。飲食では、レストランではイタリアン、チャイナ、フレンチに加えワイン専門店など、都内でも有名な店も数多くあります。こんな恵まれた土地に、百貨店が出来てくれたから栄えたのです、と。

そこまで、聞くばかりの私に対しても、彼女は不満がありそうでした。私は、またご来店いただけるよう善処する、と約束はしたものの、一度決めた女性の意志は、ちょっとやそっとでは変わるものではないでしょう。私は自分で会話の波長を変えることにしました。

「この街にはない料理はないのですかね」

と私がたずねると、

「ほとんど、都会にあるものはありますよ」

と彼女は言い、自慢げにあごを上げます。鼻っ柱を折られたような気がしたのでしょう、目を直視してきました。

「では、美味しいメキシコ料理店があることをご存じですか」

と言えば、「エッ」という顔でこちらを見ます。

「S地区に有名な店があります。店名はナガモリと言います」

少し、彼女の目の動きが変わりました。

「面白いおやじさんが切り盛りする店で、私はクリスマスの時期ターキーを一羽注文します。最初は強引に勧められて買いましたが、旨いので、毎年お願いしています。また三人で行くとパスタが洗面器いっぱいくらいの量出てきます。ダイエット中の方にはお勧めできません。ビールはボヘミアで、ピザ生地は自家製です」

彼女は興味深げに話を聞いています。

「もう一つおすすめがあるんですよ」

「えーーー」

長い悲鳴のような声が上がります。

「懐石料理店があるのはご存じですか」

「いえ」

「しかもここからなら車で四、五分です。確かな腕で旬の質のよいものを出します」と言い、店の場所を伝えました。

「この店は予約可能なのですが、初回訪問時は必ず、入り口脇の座敷で襖がない上がり框《かまち》で料理をいただきます。それは、主人が客の行儀を見極め、他のお客様に迷惑がかからないかを見るためで、合格すれば、次回から二部屋しかない座敷に通していただけるんです」。

その店の開拓の経緯を話すと、お客様はやや興奮しながら聞いています。苦情を言っていた彼女とは違い、目には輝きが宿っています。私たちの関係はまるで教師と生徒のように変わっています。自分が優位のときしゃべり過ぎて招いた災いとでも言うのでしょうか。私にとっては、一時的に自分が不利になったのに逆に得るものがある。これは、相手に従順になることが快感なのです。もちろんどんでん返しを見据えていますから。

「最後に、天ぷら屋さんで熱いものを食べさせてくれるところはご存じありませんね」

「そうですね、それだけは残念です」

「でもありますよ。少し遠いですがここからなら一〇分で行けます」

彼女は嬉しそうに、

「どこですか、それは」

「でも、店は古いし、居酒屋です。刺身は美味しく、天ぷらは本物で熱々、そこのご主人は天ぷらを揚げているとき、中の具を指で捌《さば》くんです。やけどもせずに」と言うと頷く前に「どこにあるんですか」と二度目です。

もう二人の会話は対等になっています。おおよその場所を話し、目印を伝え、チラシの裏に、乱暴な地図を書いて見せました。

「その地図いただけますか……」

「乱暴に書きましたので、差し上げません」

と言うと、彼女は憮然として睨みます。

「もう二度とお会いできないのは、本当に残念ですが、ご紹介した店には確かめに行ってください」

お気持ちが変わったら、また当店をご利用願います、と言う必要はないと判断し、挨拶して喫茶の会計で別れました。

三日後、婦人服のショップの前を通った際、彼女のことを思い出し「店長、彼女なんて言ってた」と聞くと「関根さんはズルい。お買い上げいただいたスーツのお直しは来週上がります」と笑っていました。ということは、まだ来てくれるのでしょう。一件落着を感じた次第です。

これでストーリーは終わりですが、最後に、ここでも「天将」の天ぷらに助けられたのが事実です。接遇だけでこのトラブルを抑える自信は皆無だったのです。じっと我慢することが功を奏することもありますし、思いもよらぬことが事態の収束につながることもあるのです。助かった。

第七話　賞味期限

クレーマーにあらず？

洋菓子の賞味期限によるトラブルが発生しました。

古くからある御礼・感謝のしきたり、お中元・お歳暮ですが、これも時代を反映して、年々形骸化しつつあるのが現状です。大手企業ではすでに、この贈答を廃止しているところも多くなってきています。

しかし、百貨店にとっては年二回の大イベント。各社とも総力を挙げて取り組んでおります。

ある年の、お中元が最盛期を迎えた頃でした。店頭、倉庫、配送所、メーカーもてんてこ舞いのときです。

その苦情申し出人、Ｈさんから食品の事務所に電話が入ったのでした。

「洋菓子の賞味期限が切れているものを食べた。なんとなく具合が悪い。そのメーカーの商品には、外装に賞味期限の表示がないじゃあないか。食品衛生法やＪＡＳ法で義務付けられているはずだ」

「メーカーは、『個包装の商品それぞれに賞味期限が表示してあるので、外装へは必要ない』と言っている。しかし、百貨店は法律以上の安全管理の義務があるはず。どんな管理をしているのか、話を聞きたい」

という内容でした。

確認すると、洋菓子の製造メーカーの本社にも前日、Ｈさんから抗議の電話が入ったとのことです。

さっそくメーカーの地域の責任者が、当社を訪ねて来ました。

ほぼ並行して、Ｈさんの情報が入りました。

ちょうど前日のことです。「テナントを管理しているところにつなげ」との電話が代表番号から入りました。受けた交換手が、「テナントサービス部」につないだところ、「依頼した食品部でない」ということで、懇々と三〇分も指導されたとのこと。これが

Hさんだったというのです。どうも、攻め方に念が入っており、カスハラの臭いがします。

Hさんは同じ日の午後、今度は「販売促進部へつなげ」という電話をかけてきました。つないだところ、「ホームページ上に、取引先の電話連絡先がない。これは不親切だ」とのクレームです。「取引先」とは、くだんの洋菓子のメーカーのことでした。

つまりは、すべてが今回の問題に絡んだ内容であったのです。

「クレーマーではないか」お客様相談室では、さっそく調査を始めました。

競合のM百貨店へ人物照会を依頼しましたところ、「その方は、非常に正義感が強く、よく当店にも苦情をいただくが、改善するための対応を図ると、お褒めもいただき、非常によいお客様になってくださっている方ではないか」と返事が来ました。

「またその方は大地主で、お金に困っているわけでなく、何も要求はされないので、本当に当店にとってはありがたい存在になっている」とも付け加えられました。

最初にこの件が「お客様相談室」に入ったときは、クレーマーとして、みんながざわめき立ちました。しかしM百貨店の人からの情報を得て、私は担当から降りました。むしろ、「ありがたい方とめぐり会えたものだ」と感謝こそしていました。

購入したのは別の客だった

翌日、私は指定の休みの日でした。

Hさんからの苦情については、その日もメーカーとの確認を進めていたようです。メーカーへ問い合わせた結果は、今回のように個包装の品を箱詰めにした場合、「法律で決められた表示以上の対応が必要であり、社会的な責任を果たすことがメーカーの責任である」とのこと。その返事を、メーカーからHさんに電話する旨、約束を取り付けたそうです。

そして、次の日。出社すると、食品の課長とメーカーの支店長、さらに当室の担当者で会合を開き、検討しているところでした。

メーカーでは、さっそくHさんに連絡を入れたそうです。すると、「こちらまで説明に来い」とのこと。

急遽、指定の駅に支店長と菓子売り場の係長が出向きました。「駅から連絡をしろ」とのことで、連絡をすると近くの喫茶店を指定されました。

会見の場には、「実際に購入した者が同席する」と言います。ここで事実が判明しました。Hさんは、ギフトとして贈られた方だったのです。自ら購入したわけではありません。

状況は、このようでした。

直接購入した顧客は、七月二日に買ったのです。翌日三日にHさん宅を訪問して、お菓子を渡すつもりでした。しかしHさんの都合で、訪問日は一七日に延びたわけです。賞味期限は七月六日のものが数個入っており、二〇日間しかない賞味期限のほとんどは切れた状態になっておりました。これでは「賞味期限切れ」は当然です。

喫茶店での話し合いは、三時間ぐらい続いたそうです。

店舗では賞味期限の決めごととして、焼き菓子に関しては、賞味期限の半分で商品を店頭より下げる指示を出しておりました。しかしこの詰め合わせのお菓子に関しては、それが厳守されていませんでした。

ただし、販売時点で賞味期限が切れていないことは明白です。

Hさんは、メーカーの電話に出た担当者の横柄な態度、そして管理義務等々を、声を大にして、クレームをつけてきます。

二人が帰社して、整理をしてみました。

①今回のギフト商品は、当社の指示が守られていない。二〇日間の賞味期限のものは、ギフトの配送を三日間考慮して、期限を一〇日間に設定。到着後一週間でご賞味いただけることを前提にしていた。今回は期限が四日間のものもあり、指示と一致していない。

②本来、当店よりご購入いただいたお客様と対応することが正しいが、贈られたお客様H様からのクレームになっており、対応が難しくなっている。

③H様と対面した話の内容では、過去にも他店で不正表示の摘発をして感謝されているとのこと。関連の知識も豊富で、ただのお詫びではすまないような感じを持たせている。新聞広告での謝罪等も匂わせていた。

Hさんに、返答すると約束したのは、七月二二日でした。

保健所登場

二二日。通常百貨店の開店は午前一〇時です。

開店と同時の一〇時にHさんより電話が入りました。あとで考えると、このときも後手に回ってしまったようです。

「先日、『二二日に連絡をする』ということだったが、連絡がない。どういうことか」

事態が大きくなりつつあり、落としどころが必要でした。取引先と課長で決め、お菓子の代金と精神的な苦痛の代償として、一万円を包むことにしました。これは本来、社のルールに反することです。

当日は課長と再度メーカーの支店長が、Hさんのところへ出向きました。指定は、外のレストラン。自宅には来させないということは、何か理由があるはずだと、私は思いました。

やりとりが始まりました。まずは課長より、通常のお詫びを申し上げ、商品代と精神的な苦痛に対し一万円を差し出しました。

Hさんは封筒の中身が一万円であることを確認すると、不満と見えて受け取らず、今までの話を繰り返しました。

課長もそこでは一歩も引かないつもりでした。当然、話は堂々巡りです。埒《らち》が明かない、ということで保健所へ行くことになりました。

「保健所へ行く」というのは、Hさんにとって、脅しのつもりだったのかもしれません。しかし、こちらは「どこに出ても問題ない」と判断しているので、隠すことは何もありません。むしろ事態を公正に見てもらえるので、保健所行きは助かるのです。

保健所の係官からは、「表示のミスはない、外装には表示がなくても可」という見解をもらいました。しかし、Hさんの執拗な抗議によって、保健所が店頭を点検するということになったのです。

会社としては、逃げも隠れもしないし、もし間違ったものがあれば真摯《しんし》に対応して改善するだけ、と考えていました。実際、管理は非常に厳しく行われて、日々点検も怠っていないので、自信があったのは事実です。

保健所は、点検をしました。結果は口頭での注意はなく、後日書面にて連絡をいただくことになりました。

点検に同行していたHさんは、管理が比較的よくできており、大きな問題がなかったことに失望した様子でした。それは、帰り際の捨て台詞から分かりました。

「今回のことは、保健所の見解が出ても、これで終わりだと思うなよ！」

改善指導

ことは拡大に向かっていました。

保健所からは、前回の返事とニュアンスが違う返事が来たのです。

「違反とは言い切れないが、好ましくない」

非常に難しい判断です。法的には問題ないのですが、お客様にとっては問題がある、といった判断です。

さらに、Hさんの手前もあって、再度点検するとの連絡が入りました。点検をした結果、「S社の包み置き商品の賞味期限が見えない」との指摘をいただき、すぐに改善をしました。

ところが同じころ、このS社に対して、Hさんから、「包み置きは違反である。保健所に通報するぞ。マスコミに言うぞ」との脅しが入りました。この商品は、ご本人も購入して帰っています。

しかし、S社はしっかりしていました。慌てることなく、保健所には確認を、マスコミには広報が対応する態勢をつくり、さらに「脅しには一切応じません」との連絡がこちらに入りました。その一方で、改善にもすぐ取りかかる、とのことです。

他のメーカーにも数社、嫌がらせめいた連絡が入ったそうです。

保健所の指摘を受けて、確認を行って、店頭は健全な状態になっています。しかし、

Hさんからは、改善したかどうかの確認の電話が執拗に入ります。

二八日に課長が、電話でHさんに連絡をしました。最初からの経緯をお話ししてお詫びをし、保健所のご指導をいただけたことへの感謝を申し上げ、今後も法律にのっとった形を崩さずに臨む旨を伝えたのです。

しかしHさんは、納得しません。

「保健所の点検の前に情報を流し、証拠を隠滅しただろう」

「S社の件はぜんぶ知っているよ」

などと、喧嘩腰の対応をしてきます。挙句の果ては、「保健所はお宅とグルになっているのだろう」と言いだす始末です。

それでも課長は、辛抱強く話を聞いていました。メーカーに対しては恐喝らしき発言もあったようなので、今回は録音をしております。私たち「お客様相談室」の面々も、息を潜めて聞き入っていました。

話の中で、Hさんは、こんな言い方を初めてしました。

「二万円で手を打たないか。これで今回のことは、すべてなかったことにしよう」

本性が現れました。完全に恐喝です。自分のとった行動が正義のものではなく、お金目当てであるとはっきり言ったのと同じです。

しかし課長はすでに事前確認をしており、「いくらせがまれても、提示してしまった一万円以外の対応はしない」と決めていましたので、はっきり断ります。

するとHさんは、戦法を変えてきました。

「このことは店長は知っているのか」「今回のことは、経緯をまとめて内容証明で社長に送付するがよいか」「またメーカーに関しては、社長の謝罪を要求する」等々。

まさに、最後の揺さぶりです。

こんなことは、私たち「お客様相談室」ではよくありますが、課長にしてみれば、初めてのことで大変だったと思います。汗を拭き拭きの対応でした。

しかし最後は、物別れ。「もういい」と言って、電話が切れました。

ゆすり特有の会話

とうとう、「お客様相談室」の出番が来ました。

私は、「新任の室長と一緒に対応しろ」との店長指示を受けました。

私の結論は、はっきりしています。

Hさんには、「当社の対応すべき相手はあなたじゃない。ご購入いただいたお客様とお話をさせていただき、もし召し上がった方に何か異常が出たなら対応をする。サービスとしてお菓子の現物交換をするが、購入者へは謝罪だけです」と、言うつもりでいました。

この方針はじかに店長に報告に行き、許可を得ました。また提示した一万円はどうするかも確認しました。一万円提示は「お客様相談室」が関与して決めたわけではありません。やはり、適切なものとは思えませんでした。店長も、「出したくない」と言います。私も同感でした。しかし、一度提示してしまったことでもあり、「今後一切何もない」ということで話をつけるためなら、支払うことは致し方ないとの結論に達しました。

三〇日。私はHさんに電話をしました。

初めての者からの電話で、先方も不審がっている様子がありありと分かります。

私は、これまでの経緯を確認していきます。「お客様」という持ち上げ方も徹底しています。上げれば上げるほど、「対応するのはあなたではない」という言葉との落差が大きくなるわけです。いわば計算してお話をしていることになります。

相手からは、「今までの人とは違うな」という言葉が口をついて出ました。

私は、持ち上げながら、Hさんの話を聞きますが、ここでは聞き手に徹しました。

頃合いをみはからい、「新任の室長と私でご挨拶に伺うが、ご都合は」と聞くと、翌日の午前一一時を指定してきました。

三一日一一時。いつものように駅から電話を入れます。ファミリーレストランが指定されました。

初対面です。年の頃七〇歳。白髪が多い長髪、ひげも伸ばしているが衛生的です。声は四〇代の声。しゃべり方は電話でも感じましたが、恐喝めいた発言もときにはします。

室長が自己紹介し、私も挨拶をしました。

会話はゆすり独特のものでした。

押したり引いたり。さらには「上司への報告をしたか確認するぞ」といった脅しめいた言い方が続きます。

「警察とも親交があるんだよ」と言って出された数枚の警察官の名刺は、角が折れていました。

態度は穏やかに話し、笑ったかと思うと、いきなり目が真剣になり、怒りだします。

ゆうに二時間を経過しておりますが、こちらの予想どおりに進みそうにありません。

しかし、持久戦は覚悟しています。いくらでも待つつもりでした。

二時間半を回ったところで、私はこう切り出しました。

「H様、ご要望がございましたら、おっしゃっていただけませんか」

先方はしばらく考えるふりをしています。そののちおもむろに、こんな提案をしてきました。

「お宅ではこの件に関して、監視委員会を設けるべきだと思う。そこに私が入って指導したい」

待っていたタイミングが来ました。間髪を入れず私は言いました。

「お断りします」

Hさんはむっとした顔になりました。私はさらに続けます。

「その委員会は必要だと思います。ご指摘ありがとうございます。しかし指導にはプロの保健所係員をお招きして、受けることにします」

最後の攻防

ここで、たたみかけるように言いだします。

「H様、今回は本当にご迷惑をおかけいたしました。私が思うに、本来当社の対応すべきお客様はH様でなく、お菓子をご購入いただいた方にすべきものと思います。その点からもご迷惑をかけた形になり、申しわけございませんでした」

相手の顔に怒りの色が見えます。

「それでは俺はどうなるのか。俺のことはどうでもいいのかよ」

「いやいや、そうではございません。ご購入いただいた方が、期限の切れたお菓子をお届けしたことでH様とのご縁がこじれますと、それは何らかの対応をするより、方法はないものと思います。しかしながら当店としては、そのお客様にも期限切れの商品を売った事実はないことを、お認めいただきたいのです」

「それじゃあ、話がふり出しに戻るではないか」

「いえ。事実の確認をするより先に、ここまでご迷惑をかけたことに対して、『申しわけない』と言っていたのです」

「もう分かった。俺もごちゃごちゃごねるつもりはない。このことを知っている店長と一度会いたい。またメーカーの社長とも会いたいので、場を作ってくれ」

「できることならそうしたいのですが。どちらも忙しく、私どもに全権の委任をしていただいております。正しく伝えますので、ご容赦願いたいのです」

「……」

「最初にご提示した一万円は、ここで納めていただけませんか」

「いや、いらん。また改めて連絡する。それより店長の謝罪文が欲しい」

「何の謝罪ですか？」

「今までの経緯をすべて聞いた店長の、私に対する謝罪を求める」

「かしこまりました。帰って確認のうえご連絡いたします。よろしいでしょうか」

じゃあ今日は、ということになりました。

お支払いのさい、「自分の食事だから払うよ」とHさんは言いましたが、「そのお気持ちだけでけっこうです」と言って、こちらで支払いを済ませました。

帰社して、店長に報告です。店長は、「もう謝罪することはない」と言います。確かにそうですが、「私が上手く書きますから、ご覧になってから、ご判断いただけますか」と申し出て承認をもらいました。

一万円も渡しておりませんので、金庫に入れました。

翌日、Hさんに電話で、「店長の謝罪文をお届けします」と連絡すると、

「一万円と一緒に郵送でいいよ」との返事。拍子抜けです。

謝罪文の内容は、店長の了解を得ています。一万円は現金書留で、店長からの手紙は内容証明をつけて送りました。

本当に長いひと月でしたが、これでなんとか無事、収まりました。

今回の教訓は、次のとおりです。

- 知識豊富なクレーマーは、事前にも同じことを行い、学習しているので要注意。
- お客様の情報等は正確に確認しておかないと、対面時の印象が変わり、対応に影響を及ぼすことがある。
- 男性のクレーマーは、年齢を増すごとに悪質になっていくようだ。
- 謝罪文の書き方について。素直に謝罪するべきですが、Hさんは、他人に自慢して披露する可能性がありました。そのため、謝罪は記しつつも、報告書とも思えるような書き方をしておきました。

第八話　靴下問答

営業マンふう

あるとき、紳士雑貨売り場の販売員が靴下二足を持ち、お客様を伴い、私のいる相談室に来ました。

同伴のお客様、Iさんは四〇代。紺のスーツに茶革のアタッシェケースを持ち、営業マンらしくビシッと決めて、余裕の笑顔というより少しニヤけています。

それに比べ先導してきた販売員の表情は固いので、直感で「商品苦情だな」と思いました。

この時点で、せっかく対面できたのですから、どんなことがあっても納得していただき、今後も店を贔屓にしてくれるように対応を始めます。

私は、「いかがいたしましたか」と尋ねました。

「お前が説明しろ」と言って、Iさんは、その販売員に指示をしました。

販売員はこう説明を始めました。

「お客様がおっしゃるには、一か月半前にこのブランドの靴下を買ったそうです。そしたら、たった五回しか履《は》いていないのに穴があいた、と。それは不良品だから、今日はこの靴下を一〇〇〇円で売れ、とおっしゃいます」

話を聞いた私は、内心、「何をふざけたことを言っているのだ」と思いました。瞬間的に、「普通のお客様ではない」と判断しました。

私は、販売員に向かって尋ねました。

「この靴下の価格はいくらですか」

「一五〇〇円です」

愉快犯タイプ

さっそく、私とIさんとの、やりとりが始まります。

「それはご迷惑をおかけしました。お客様、履いたのは五回ですか」

「そうだ。五回しか履いていないよ」

実に落ち着いた話し方をする人です。私は、首を傾《かし》げました。

「そうですか?……そんな例は、いまだ聞いたことがないのですが」

すると、Iさんはむっとした様子で、「本当だから話しているんだよ」

本来はここで、確認のためにいくつか尋ねます。

購入日はいつか。

レシートはあるのか。

なければ、当店で買った証拠はあるのか。

こう聞いていくわけです。

しかし、やめました。Iさんはどうやら愉快犯のタイプのクレーマーで、上手くいったら仲間に自慢話をするだけだろう、と判断して、面倒なやりとりは行わないこととしました。

問答は、続きます。

私「つかぬことをお尋ねしますが、（間を置く）……靴下のどの部分に穴があいたのですか?」（ここではこの先どういう出方をしてくるかを、測っています）

Iさん「靴下の先だ」
私「先ですか……。（間を置く）では、穴のあいたのは先の上ですか下ですか」
Iさん「上だな」
私「そうなると爪と靴が当たったことも考えられますが、爪が伸びているようなことはありませんよね」
Iさん「まあ、そんなことは分からん。けれど、破れたことは確かだ」（先方がむかついてきたのを察知します）
私「そうですか？」
そこで、私はそばで黙っている販売員に、話題を振りました。「そんなことは過去に聞いたことがない。事例はあるのか」
販売員も私という味方を得て、少し元気が出てきています。
販売員「そんな事例は、このブランド以外でもありません」
私「私も聞かないよな……」

大きな声をこちらも出す

私は続けて、Iさんに言いました。「お客様、お洗濯の仕方は特殊な方法なんていうことはないでしょうね」

Iさん「普通だ」（さらに苛立ってきたことが分かります）

私「その商品は、まだ保管してありますか」

Iさん「あるよ、家に」

私「そうですか。一度、見せていただけないでしょうか。商品を調べて、不良品であれば改良します」

Iさんは、こちらの、のらりくらりの対応に、ついにしびれを切らしたようです。いきなり大声を張り上げました。

Iさん「おい、こんな対応でいいのかよ！　靴下が破れて、迷惑したのは俺だ！　何をグダグダ言ってんだ」

こちらが待っていたタイミングですから、すかさず、

私「お客様、大きな声を出さないでください。普通の声でちゃんと聞こえておりますよ」

と、Iさんより大きな声で、相手の目を凝視して言いました。

驚いたのはIさんです。まさか、百貨店のお客様相談室員に怒鳴り返されるとは、思ってもいなかったのでしょう。「鳩に豆鉄砲」とはこのことか、と思える顔をしました。

他の百貨店では、触らぬ神にたたりなしと決め、最初から交換で対応するか、この怒鳴り声に驚いて、「今回だけ」と値段を下げて販売した店も、たくさんあったのでしょう。

「かたり」を逃がすな

このときは、「たたみかけのタイミング」ですから、言葉を続けます。

まずは、大声を上げた非礼を詫びて、「お客様、現物を見せていただけませんか、検査をして正確な報告をします。商品に瑕疵《かし》があれば遡《さかのぼ》って対応を考えます」

物は最初からないはずだ、と踏んで私は言っています。

Iさんは、しどろもどろになりながら、「家にあると思うよ。まだ捨ててないと思うから確認するよ」

完全に動揺した様子でした。

「そうですか。それでは失礼ですが、お名前とご住所を教えていただけますか」

と言って、私は相談用紙を提示しました。

「いいよ今日は。また来るから」

Ｉさんはもう立ち上がりました。

ここで簡単にたかりを逃がすわけにはいきません。二度と来させないためにも。

「それは困りますよ。お名前を聞いておかないと報告書が書けません」

「いいよ。また来るから」

私は、「それでは、その間、何も対応できません。ご迷惑をおかけしたお客様の住所が分からないのでは困ります」と、さらに突っ込みます。

Ｉさんは、「いいよ、いいよ。あったら持ってくるから」

「そうですか。よろしいのですか。でも、物がなければ、対応もしませんよ。それに、住所も氏名も教えていただけないのでしたら、今日の記録も残りません」（実際はしっかり書いておく）

「分かった」

Ｉさんは振り向きもせず、相談室を後にしたのでした。

第九話

鳶《とび》職の婿《むこ》

突然の呼び出し

私が百貨店を退職する直前に出会った、思い出深いクレーマーのお話をします。その方との出会いは閉店した直後の二一時五分。宝石売り場からお客様相談室に電話が入りました。「お客様が怒っている、責任者を呼べ」とのこと。事務所には私の他に事務員がいましたが、帰り支度の最中でした。対応できるのは私しかいないので一人で出向いたところ、そこに、濃紺のTシャツを着て、年齢の判断が付かない男が立っていました。体格が良く目つきは鋭く、腕っぷしも太く短髪、得体のしれない感じがありました。その男の発した最初の言葉は「あんたは、必ず俺の前でボロを出すよ」。そして、一メートルもない距離から睨まれました。私は恐怖を感じました。

恐怖の理由は、年齢が想像出来ないことからだろうと思いました。話をしても、決して歳をとっているようには感じないが、隙がなく、落とし穴を用意されているように感じました。それに、怒っている理由を話してくれません。興奮して苦情を大声で言うのであれば、その対応は心得ているのですが。

私と男は店の通路で睨み合うような形で非常に近い距離に立っていたため、圧力もすごく、押しを感じました。こんな輩は初めてで、ここは時間をかけて相手を観察することに決め、「手強いが何とかなる」と感じるのに一〇分も費やしました。その間、「あんたは、必ず俺の前でボロを出すよ」と、また男は意味不明なことを言います。再びの言葉に、暗示に掛からないよう警戒しました。

店内が一部消灯し、これは長時間掛かるだろうと予想しました。運よく、その日は誰とも約束はなく、じっくり対応できると思いました。閉店してお客様の姿が完全に引くと、店内の照明をそれ以上落とさぬよう管理室に連絡し、応接室に移動することにしました。移動の際のわずかな時間に、男は歩きながら「俺の携帯の番号を、女房に教えた奴がいる」と言った。これが苦情か、とピンときました。個人情報なので対応が面倒です。ただ相手が奥さんならば、奥さんを味方にすることで収まると踏みました。

応接室では、宝飾担当の課長がお茶の用意をして待っていました。男が席に着き、私が対面に座ろうとすると、「座るな、立って対応しろ」と言います。威嚇のつもりなのでしょう。男に断って席を外し、課長と話すと「見たことがない方だが、どうも外商に担当者がいるようです」とのこと。外商とは、企業か個人に担当者が付き、年中訪問して注文を取る組織です。この男は俗に言う「ビップ」でお得意様の層だと判明しました。

数分して戻ると、男はいく分落ち着いてきているようで、初めて座る許可が出ました。相手の本性が分からないときは、言いなりになっているほうが良いものです。座って向き合い、この輩は若いと感じました。何か、困った状況に陥っており、その原因が電話番号の洩れにあると想像できました。

当時私は五三歳でしたが、相手は四〇代手前と読みました。初対面時は、その判断が出来ないほど恐怖が先に立っていたのです。想像の付かない出来事と、相手の「ボロを出す」という言葉、そして体操選手のような筋肉、そして、なぜ怒っているのか話さないことなどが、今までにない経験だったため、こちらも警戒を強めていましたが、落ち着けば片は付くものです。

男はお茶を口にして、初めて出来事を語り出しました。

二台目の携帯電話

「俺の女房はブラックカードを使うが、俺は持たされていない」と言って言葉を切ります。その瞬間に私は、こいつは「逆玉」なのだろうと判断しました。そして、携帯電話を二台以上持ち使い分けているのだろう。婿だから女房には弱く、何も言えず従っているだけだろう。そう読むと、何となくかわいそうな気もしてきました。さらに会話を続けると、事情が見えて来ました。

「今日は買い物でなく、俺の携帯番号を女房に知らせた奴がいる、そいつに会いに来た」

顔を見ると、優しい目つきになってきています。自分の情報を晒したことで、威勢を作る必要が失せたのでしょう。ここからは、こちらが先導し事を収める仕事になります。

「時計売り場に谷口と言う男がいる、そいつが女房の問いかけに、俺の電話番号を知らせた」

つまり、奥さんに知られてはまずい携帯電話の番号を、店員が開示したことで困っている、ということなのでしょう。

それは大変だろうと、にやける私。そして、管理が甘いと思いました。今までの態度は、私への威嚇ではなく、自分を奮い立たせるための威勢だったのでしょう。男はようやく「その谷口を呼べ」と口にしました。私は課長に、該当社員が居たら呼ぶよう指示をしました。

谷口が来るまでの間、私は相手の仕事内容や、その家庭内の立場や住まいを聞いて実生活を把握しました。女房のおやじさんが鳶職で稼ぎ、一代でブラックカードを保持するまでに成功していました。昭和のバブル期を乗り切った中小企業のトップに立っている人物には多い事例です。男は、それなのに、自分はまだブラックカードを持たせてもらえないと萎《しぼ》んでいました。

さて、携帯の話に戻ります。奥さんが、この男の時計の修理品を取りに来た際、店員が電話番号の確認をした。奥さんは男が修理依頼時に台帳に記載していた番号を知らず、二台目の携帯電話を持っていることが明らかになってしまったそうです。

この男、外に女がいるようで、問題の携帯はその連絡に使っていたようです。奥さんに迫られて認めたかどうかは知りませんが、ことによったら家を追い出されかねない事態だったのかもしれません。

谷口が応接室に入ってきました。

「お前がしゃべったんだろう」

と男は声を荒らげます。

「申しわけございません」

と言って谷口は頭を下げる。

男は今にも殴り掛かりそうな形相になっていますが、「まあまあ、この者も二台目の番号とは知らなかったようで、その件は家庭内で収めていただかないと。さらにことが大きくなるといけませんので、外野は引き下がります」と、私は言い切りました。

当然、相手は言葉がありません。

「申しわけございませんが、彼はもう帰しますがよろしいでしょうか」

と言うと、素直に頷きました。

がんばれ、婿殿

ここから苦情が脇道に逸れ、言いがかりを付けてくるかと思ったのですが、気が抜けたようです。男の置かれた状況について、思い浮かぶ対応策はいくらでもありますが、アドバイスは禁物です。そのアドバイスの結果あらぬ方向に行ったということになると、さらに面倒になります。求められたら、「そのような境遇にないものですから、自分では判断できません」と、言うことです。

でも、からかうのは自由です。私は今までの恐怖感が消え、若造をいじりたくなり、同時に気の毒にもなりました。いつしか、自分が裕福になり、金が自由に使えることから増長し、自分はクレームを言ってよい人間だ、それが当然だと勘違いするクレーマーになっていたのでしょう。

会話が途切れ、その場の空気がよどんだので、私は男に話を振りました。

「どんな趣味をお持ちですか」

「車かな、今、ランドクルーザーに乗っている」

「大きい車の都内での運転は難しいでしょう」

「慣れたよ、今洗車してもらっている」

「そうですか、当店でですか」

と聞くと、そうだと答えた。絶対にボロは出せないと思って臨んだ結果、気持ちが落ちつきました。それに、この方は、苦情の二の矢は持ち合わせていないようです。

すでに二一時五〇分を回っていました。洗車も終わっているはずです。それを告げると素直に「帰るか」と言い、立ち上がりました。この後の奥さんとの戦いはそう簡単ではないでしょう。

「送りますよ」と相手を先導しました。すでにお客様用エスカレーターとエレベーターは停止になっているので、従業員用のもので移動をし、別館のカーディーラーまでお送りしました。

男は洗車が終わった車に乗り、走り出しました。坂のコーナーを出る前に、急ブレーキがかかる。ドアが開き、男が私の名前を呼びます。おっとりとそこに行くと、「関根さん見てよ、これだよ」と、前ガラスに流れる二筋の水跡を指し「しっかり拭けよな、これが百貨店の仕事だよ」と言われました。やっと元のクレーマーに戻れたのでしょう。

さらに、ついでがありました。

「関根さんはいつもいるの」

「いやいや、私はあなたとは付き合いたくないですよ。もう二度と会わないでしょう」

と言うと、憮然としました。

「いや、申しわけありません。本当のことを言うと、〇〇さんとはいつまでもお付き合いを願いたいのですが、二か月後には退社して他の企業に移ります」と伝えると、一瞬笑みを浮かべたが、本当にがっかりしたようで「ほんと、それは残念だ、また会えるかな」と。私は「無理でしょう」とにやりとし、彼も笑い、車のドアを閉めました。このとき、この男まだ若いと踏み、二〇代後半なのだろう、と読みを改めました。走り去る車は元気になっていました。がんばれ。

第一〇話　被害額は二円？

返金不足事件

二〇〇三年九月の夕刻、食品事務所から苦情発生の連絡が入りました。男性のお客様Ｌさんから、「返金不足だ」との電話苦情が入ったとのこと。現場に出向きました。

確認すると、こういうことです。

買い物をして、レジ精算をしたＬさんは、そこで「白飯は不要」と言いました。白飯は二一二円です。

レジ係員は年配のパートの女性で、値札を二一〇円と見まちがえ返金しました。Ｌさんは自宅に戻り、二円少ないことに気づいたのです。

さっそく二円を持って係長が謝罪に行くことになったのですが、Lさんはこれまでもめ事を起こしており、大声を上げる恐喝癖があるとのことです。

レジ係員もLさんのことをよく知っていて、以前から「怖かった」と言っていました。

やはり係長ではなく、課長が行ったほうがいい、ということになりました。改めて課長が行くよう指示を出しましたが、この日、課長は運良く（?）休みです。

仕方なく、私の出番ということになりました。

実はあとで反省に変わるのですが、この「仕方なくの精神」がいけません。二円程度で、と思って行ったことが、お客様であるLさんへの誠意を欠いた態度になっていたのでしょう。責任者としては失格です。

怒鳴り声にスタッフが逃げ出した

車で二〇分ほど走り、Lさん宅に到着しました。

玄関で挨拶をします。

会うのは初めてでした。身長一六〇センチ、年齢五五歳くらいの小柄な人でした。

いつものようにお詫びをしましたが、Lさんは最初から絡んできます。

「教育はどうなっている」

「きちんと教育ができないのなら、俺がやってやる」

「責任者はどう処分する」

と矢継ぎ早の文句に、私も悔しくなり、素直になれなかったのです。これが失敗でした。

そうした私の気持ちが、顔にも表れたのでしょうか。Lさんは怒鳴り始めました。

「なんだ、謝る気持ちがあるのか！」

こんな怒声が続いて一〇分もすると、

「今日はもういい、帰れ！」と、怒鳴りつけられます。

私は、「お許しを頂戴するまでは、帰るわけにはまいりません」と動きません。

自分の言っていることに逆らっている、ととったのか、今度はLさんは、向こう三軒両隣まで聞こえるような怒鳴り声を張り上げました。

「帰れ！」

「いいえ！」私も必死に応対します。

「帰れ」「いいえ」の繰り返しです。

挙句の果てに、「帰らなければ、不法侵入で警察を呼ぶぞ」と言われる始末。もちろんお詫びに行っているのですから、不法侵入などは成立しません。

怒声を浴びながらの押し問答は一五分続きました。

私は、「お許しをいただくまでは、何度でもまいります」と失言してしまいました。

Lさんはそこを突いてきます。

「今、お前は『何度でも来る』と言ったじゃないか。だから今日は帰れ」

そう言われますと、さすがに返す言葉もなくなりました。引き上げざるを得ません。出直しです。

その日、車でLさん宅まで送ってくれたスタッフが、表に出てみるといません。車もありません。

どうしたのかな、と思って探すと、一五〇メートルも向こうに駐車していました。

玄関先に車を止めて待っていたのだが、あまりの怒鳴り声に驚き、車を移動させたそうです。

この訪問体験で、不思議な発見をしました。

それはこの方の家族のことです。

今回の謝罪の場面では、私が狭い半畳ほどの玄関に立ち、Lさんは玄関の上がり框四五センチのところに仁王立ち。薄茶色のガウンを肩にかけ、約一五分、怒鳴りっぱなしでした。

実はその後ろで、勝手と居間を行き来する奥様らしき人と二〇歳代のお嬢様らしき人が、何事もないような顔をしているのが分かりました。

怒鳴り続けるご主人には、まったく反応を示しません。

(耳が悪いのかな。黙っていたほうがいいと思っているのか)

やがて見抜くことができました。常にこんなことをしている家族なのだ、ということです。

家族はご主人のLさんが怒鳴るのに、もう慣れてしまった様子でした。

これでは簡単には解決しません。ある程度の時間が必要だと判断しました。そのことも、出直すことにした理由の一つです。

さて、再訪の日が来ました。

今回は失敗が許されません。

前回の反省から、対応の仕方をまったく違うものにしました。

お話をひたすら聞いて、こちらは、

「おっしゃるとおりでございます」

「ご指摘どおりでございます」

「ご参考にさせていただきます」

「貴重なご意見として、いただいてまいります」

を繰り返したのです。

まるで馬の耳に念仏、暖簾に腕押し、というわけです。

二円にも命がある

これもちょうど一五分くらい。さすがに、相手も言葉が尽きました。

このタイミングで、ずっと相づちばかりだった私は、切り出しました。

「ご返金でございます」と言って、二円を差し出したのです。

Lさんが受け取ったときの言葉は、今でも鮮明に覚えています。

「たかが二円かもしれないが、これでも命がある。二円受け取りそこなっても、たいした被害ではないが、お前の店では一〇〇〇円のものを九九八円しかないけど売ってくれ、と言ったら売るのか！」

この具体的な指摘はこたえました。実によい勉強をさせていただきました。

最後にお詫びのお菓子を差し出しました。

Lさんは当然のごとく受け取ります。

ただし、次のひと言にはやや腹が立ちました。

Lさんは手提げ袋の上から中を覗き、手土産の値踏みをして、「俺の授業料はこんなものでは済まないぞ」

腹立ちを飲み込んで、私は謝辞を述べ、Lさん宅をあとにしたのです。

ここでの教訓は、次のとおりです。

● 「たった二円」という気の緩みで、誠意を感じられない対応を見抜かれた。
● 「普段から怒鳴る嫌な感じのお客様」というレジ係員の言うことが先入観になって、お客様像を勝手に作って訪問した。

●大声を上げられたとき、反発心から冷静さを失った。それが顔に出てしまった。
●「嫌な感じ」だと思っても、お客様の申し出をじっくり聞き、否定をせずに受け答えする。
●相手の態度で、自分のスタイルを変えない平常心を身につける。
●恐喝のために怒鳴っているのならば、「静かに話してください」と冷静に言う。

第二一話

名人クレーマーとの三本勝負

突然の電話

転務して五日目の出来事でした。交換手から電話が入り「お客様相談室長を出せ」とのことです、と。電話に出て「おはようございます。関根です」と挨拶すると、「誰だ、お前は」と無礼な先制攻撃。「お客様相談室長の関根と申します」「川崎はどうした」と前任者の名を出します。「転勤いたしました」「挨拶がなかったな」「そうですか、それは伝えておきます」「いま、そっちに向かっている。傘の柄にヒビがあり、高速道路で向かっている。女の係長が『持って来い』と言った。どうなっているんだ、お前の会社は、客を客とも思っていないのか。四〇分くらいしたら着く」「どちらでお待ちしていたらよろしいですか」「駐車場を用意しろ、着いたら電話する」プツッ、と切れました。

交換手経由の電話だったので携帯電話の番号も分からず、待つことにしました。しかし、これだけの会話でも、面倒なクレーマーであることは分かります。まず、声に張りがある、これは押しの強さに通じます。会話の中でわざわざ「高速道路」と言ったのは、有料道路を走っているので、その通行料も補償しろという意図があるのでしょう。さらに、「駐車場を用意しろ」は、相当内情に詳しい証拠です。その日は土曜日で一般客用の駐車場は混んでいました。おそらく、来賓用の駐車場に車を止めるつもりなのでしょう。

来店までの猶予は「四〇分」。それだけあれば、この苦情客の正体は店内でつかめるだろうと思い、さっそく部下に情報の収集を指示しました。

同時に、傘売り場の係長への確認もしました。その係長は私のかつての部下で、「持って来い」などとは、言わないはずだと信じられる社員でした。やはり彼女も「そんなことは言いませんよ」と否定しました。実際のご案内は、「こちらにご来店の予定はございますか、そのときにご持参いただいても結構です。お急ぎならこちらから出向きますが、代替品をお選びになるのなら、お越しいただければ、他の柄もご覧になれます」とのこと。関根さんにむかし受けた指導です、と微笑みながらも、「電話でも怖そうな方でした」とつけ加えました。苦情客は係長の言葉の揚げ足をとっているだけのようです。

その会話の後、古い馴染みの販売員たちにこの人物に心当たりがないか聞いて回ったところ、ポロショップにて「そんな感じのうるさい人なら、このショップの客にもいるよ」と情報が得られました。さらに「先日ショップの傘を見て、ここでも傘を売っていたのか、と残念がっていたよ」と。この一言で、狙いは商品交換だと察しました。と同時に、グダグダ言う割には、分かりやすい客だと思いました。

三〇分を過ぎたところで、席に戻って待っていると電話が入り、「今着いた」と、言うなり切られました。どこまで舐めているのかと思いましたが、想像した場所へ向かうと、やはり来賓用の駐車場に車を止めています。その日は来賓がなかったので、それを許可して、自己紹介をしました。一八〇センチを超えた大男でした。

俺の前で教育をしろ

相手は、名前をKと名のりました。傘を確認させていただくと、柄のところにヒビがあり、たしかに不良品でした。購入した傘売り場に行き、係長も挨拶をしました。売り場には同一品があるのですから、ヒビが入っていないものを代替品として選ぶのが普通ですが、男は一五分もかけ選ぶふりをして、「よく見たが、気に入ったものがない」、想像通りの発言です。「ご返金も可能ですが、それとも他の売り場、店内ショップにもございますのでご覧になりますか」と言うと、顔が明るくなり、「どこにある」と偉そうに言います。紳士服売り場に数か所あります、と告げ、先ほどのポロショップに案内しました。

ポロショップの担当の店員とは、男は今までにない笑顔で話しています。年下が頑張っているのを見にきた先輩のようです。そして「これでもいいのか」と、選んだ傘を示します。「はい、差額がありますのでお支払いいただければ」「分かった」と、会計を済ませました。

こちらは普通の客ではないことをすでに見抜いていますので、これで素直に帰るだろうか、と疑問に思いながら、車を止めたところまでお見送りをしました。するとそこで、「社員教育はどうやってるんだ」と言い出しました。「はい、通常教育係がつき指導しております」と答えると、「あの女の係長の指導をしてくれ」と言うので、「分かりました、再教育しておきます」と返事をすると、なんと、「俺の目の前でしてくれないか」と言うのです。

そんなことを言われたのは初めてで驚きましたが、見ないことには信じない、の一点張りで説得が出来ず、駐車場から引き返し、六畳ほどの保安の控え室でする羽目になりました。私の指導しているところを見て男は何も言いませんでしたが、納得したと言うより、そもそも単なる嫌がらせが目的だったのでしょう。係長は悔しさから、売り場に戻る際に涙を流しました。理不尽な借りができ、私は、この男とは戦う価値があると思いました。高速代の支払いを申し出ると男は断りましたが、それはその後があることを示していました。

往復の料金を支払え

二時間ほど経ち店内を巡回していると、携帯が鳴りました。男から再度電話が入ったというので、事務所に戻り対応しました。「傘交換に行ったお陰で女房と子供が見当たらない。楽しみにしていた休日が台無しだ。そのお詫びに来い」と。そう来たか、と思いました。手元には往復の高速チケットがあるのでしょう。店で高速代を受け取るには片道ですが、自宅に呼び出せば、往復の支払いを受けられる算段なのでしょう。計算が早く狡猾だと思いました。そのためにＥＴＣを使わず、往復現金支払いをしたかと思うと気の毒ですらありました。

この件に関してはこちらの手落ちとは言い切れず、理由を付けて断ることや、または、他の期日をこちらが指定することは可能でしたが、私はこの際、ご自宅を見ておこうと考えました。通常の苦情客は、自分の生活環境を見られることで勢いが弱くなるのを自覚してか、自宅には招きたがりません。

紳士服売り場の課長も同伴し、すぐに自宅に伺いました。通された部屋にはいろいろなスポーツ選手のサインやユニフォームがありました。私はそれを、珍しがって褒めちぎります。家族がいないことは、そこでは一言も責められませんでした。高速代を受け取るための言いわけとして使ったに過ぎないのでしょう。しばらくすると男は後ろの部屋に黙って消え、戻ってきたとき、予測通り手には二枚の高速道路の通行券がありました。

課長は慌てていましたが、私はおもむろに内ポケットから往復代金が入った、しっかりと糊付けした封筒を差し出しました。相手は封も切らずに納めました。中身を確認するほど野暮ではないと思わせたかったのでしょう。もちろんこちらは正確な計算しています。静かな「勝負の時」でした。帰路、課長は私の準備の良さに驚いていましたが、私からすれば予測できる範囲のことでした。このようにして、男との一戦目は終わりました。

二戦目、試供品

このKさんが数か月して再来店し、店内から携帯に連絡が入りました。二階の化粧品売り場にいるのだが来てくれないか、という呼び出しです。

彼は、エスカレーターの脇に立っていました。売り場ではある化粧品ブランドのキャンペーン中で、新製品の試供品を配っていました。彼が言うには、受け取るのは制服姿の社員が多く、一般客はほとんど来てももらっていかない。ここで見ているとよく分かる、と言うのです。

この頃には私も相手の性格はしっかりつかんでいます。自分も欲しいのなら素直に言えばよい、と思いながら、「もらってきましょうか」と、意地悪く聞きました。Kさんは素直という字を知らないのか、タイミングを逃してしまったのか、「いいよ」とやせ我慢しています。

そこで、「社員と言いますが、制服を着ているお客様ということもあります。また、紹介用に、ユーザーの知人に届ける可能性もあります」と伝えると、不快な顔をして去っていかれました。

ただ、これはご意見としては大変有効なもので、その日の午後、課長と係長を呼び現場でそのことを伝え、社員が客なら、早出、遅出の私服時間帯に試供品をもらいに行くよう指示を出しました。お客様の苦情というものは、時にこのように役立ち、店舗のイメージの改善につながります。「お客様は神様である」とは、こういったことを言うのかもしれませんね。

三戦目、紳士服

あるとき、紳士服の特別販売会を、店舗外の会場を借りて実施しました。

そこでKさんからの電話が入ります。「関根さん、会場にいるんだけど、俺のサイズのスーツが一着もないんだ。どうなっている、来てみてくれ」とのこと。この後のことはだいたい予測がつきます。確認させて、そのサイズがあってもなくても「探しづらい会場のせいで無駄な時間を費やした、代償はないのか」と迫り、場合によっては現場で気に入ったものを安くしろと言うのでしょう。

現場に行くとKさんは会場内の角にいました。「特別販売の案内のはがきが届いたので来た、はがきには4Lも記載されているが、会場にはそのサイズが全くない。どうなっているのか」とのこと。やはりそう来るかと思いましたが、慌てることなく責任者を呼んで確認しました。責任者は、確かに4Lの品ぞろえはないと言います。しかしなぜそんなはがきを出したのかとその場で責めても、それは無駄というもの。

そこに先の傘を購入した際のショップの女性店長がいて「Kさんなら4Lではなく、いつも3Lですよ」と言いました。展示場内を探し、3L二着をKさんの元に持参しました。私はその時点で引き上げました。狙いが外れたことで恥をかいてしまったKさんを見ているのは忍びなかったし、相手も勇んで私を呼びだしたのに敗北した姿を見られたくなかったでしょう。

出会いから二年経つ頃には、Kさんと店内でばったり会うと立ち話をしたり、情報交換をする仲になっていました。いきなり呼び出したり、叱責されることは減ったものの、ここで紹介したほかにも数々の「勝負」がありました。それにしても、私に言えば、すべての売り場がなびくと思っていたのでしょうか。私としては他の者が接客で失敗するよりは楽と思い、まるで専属のように対応させていただいておりましたので、大分鍛えられました。当時「カスハラ」という言葉はありませんでしたが、まるでカスハラの親分みたいな方に育てられた私は、今でも強く生きています。さらにしつこい読みをもって。

第二章

苦情・クレーム対応アドバイザーがゆく

第一話　令和のカスハラ二題（食品店、飲食店）

常連客と持ち帰り袋

勤めていた百貨店を辞した後、私は自分で会社を興し、苦情・クレーム対応アドバイザーとしての仕事を始めました。おかげさまで繁盛し、様々な業界の相談ごとが持ち込まれます。第二章では、私がアドバイザーとして関わった事例の中から、印象深いものを記します。

まずご紹介するのは、ある高級嗜好食品店の常連客の話です。この方は、元々「カスハラ」の素質がある方なのですが、購入金額が多いため、店では上等なお客様と位置づけ、大切にされています。購入商品は、自宅用はもちろん贈答品も多いのです。

ある日のこと、ベテラン社員が、新商品の試食販売をしていました。すると、その方が来て、「それは知っている、すでに食べた」と言います。今日発売されたばかりなので、そんなはずはないのです。ベテランが新製品の細かなポイントを説明していくと、返事がないことに不快感を持ったのか、「何をへらへらしているの」と言いました。その社員も商品知識、接客業に長けておりますので、そのまま説明を続けます。客は再度、「何でそんなにへらへらしているのか」と突っかかります。社員は「いえ、へらへらはしておりません」と、柔らかく否定します。これは、客の性格を知っているからできることです。このようなことは稀にあることで、常連とベテランならではのやりとりとでも言うのでしょうか、周りで聞いている者からすると客を無視しているように見えますが、この常連客も会話自体を楽しんでいることがあるようです。

やがて、常連客は目的の品物を選んで、カウンターの販売員に会計を依頼しました。その販売員は、まだ二か月目のアルバイト。常連客は二品で五点ずつ計一〇点を購入、近所の知り合いにあげると会話をしています。先ほどのベテラン社員は、粗相がないよう、その経緯を注意深く横目で見ながら、新製品の説明をしていました。

お支払いの段になり、「四軒に配りたいの」というお客様に、アルバイトが「小分けの有料袋はご入用《いりよう》ですか」と、問いました。「あら、有料なの」と返事。「はい、一枚一

○円です」これは、店舗名が入った贈答用の袋です。「いつもは、無料なのに」と、言う言葉に「あっ、ビニールの小分け袋でしたら、無料です」。「それに入るでしょう」とお客様。

このやりとりを見ていたベテラン社員は、出る幕ではないと察し見守りを続けました。ただ、社員が商品をそのビニール袋へ個別にセットすることはしません。それは、無料の袋に詰めるという、時間のロスを避けるためです。大きな袋に一〇点の品と、小分け用ビニール袋四枚を入れてお渡しします。常連は、さすがにその店の販売員の行動を知っていますから、文句も言わず受け取り帰路につきました。

実は、このちょっとした会話「あら、有料なの」が、カスハラの入り口にもなるのです。知っているのに小分け袋をくださいと言う。無料の小分け袋をくださいとは言わない。社員がもし、知らずに「有料になります」と言ったとしたら、どんな会話が続くのでしょう。客は「無料のはないの」と尋ね、そこで気づけば、または、他の社員に聞けばこともなく終わります。ところが「ありません」と言ってしまったなら、「あなたは、知らないの。本当はあるのよ、未熟ね」と非難するに至ったのではないかと察します。

このやりとりから、たくさんの、「もし」が生まれます。そしてそれぞれの「もし」

には、それ専用のうまい対応があるのです。

仮に、「以前来たときは、小袋は無料でしたよ」と言われたとします。「失礼いたしました。小袋は無料と有料がございます。贈答には有料袋が使われることが多いようです」と言った場合、顧客には嫌味に聞こえるでしょう。あとの言葉が蛇足です。

もう一度、返事をしてみましょう。「以前来たときは、小袋は無料でしたよ」「失礼いたしました。小袋は無料と有料がございますが、大切なご贈答には有料袋をお勧めしています」と言えばどうでしょう。その贈られる先の方との関係も知らずに、私を貧乏人扱いした、と感じ、攻めが始まる可能性があります。

この場合、「失礼いたしました。無料の小袋もございます」で何も言わないのが正解なのです。

「贈答には、有料の袋を……」の言葉で、イラッとしたお客様が、販売員の規定の動作に、「あら、無料の袋には、小分けにして入れてくれないの」と、カスハラを始めます。この方は常に複数の買い物をしているので、販売員が小袋に小分けにしないことは知っていますが、売り言葉に買い言葉とでもいうのか、まずい展開になります。

人間には、切り返したいという思いが常にありますが、それを拭い去れるようにならなければないと、プロとは言えません。

　大きな企業で、コールセンターに長く勤めている方なども、常時イラつきを抱いています。「一度でいいから言い返したい」と、アンケートに答えてくれた正直者もいました。お気持ちは分かりますが、その考え方ですとやがてメンタル面を病むことになります。

　新製品の試食販売をしているベテラン社員なら、どう答えるでしょう。さすがに皮肉は言いません。「小分けにしないの？」に対しては、「サービスの袋は、お客様に入れていただいています。また、大袋に入れたものを、ご自宅で小分けにして相手方に持参すると、袋に折り目も付かずきれいに見えますので、お客様のタイミングでお分けいただくのが最良と考えます」と言って、会話を切るのです。暗にあなたのためです、と押し返すのです。

　時代が大きく変わったこの一〇年、ビニール袋に限らず買い物の持ち帰り袋はほぼ有料になっています。しかし、先に紹介した常連客は、意地を悪くしたら、新人アルバイトに「個別に入れないの」と言ったことでしょう。ベテラン社員は、大切な顧客に対し粗相がないように見守っており、いつでもバトンタッチが出来る状態にしていました。

もし何かあれば、やんわりと「こんにちは」と、入る準備をしていたのでした。

新紙幣で払えるか？

次にご紹介するのは、レジが新紙幣に対応するまでの間に起こった事件です。

新紙幣が流通しだしてひと月ほど、あるパスタのお店では、「レジ交換作業につき、新紙幣は八月七日から使用できます」と入口に大きな張り紙を掲示していました。五日に来店した五〇代の男性は、小銭の二五〇円と新紙幣の一万円札をだし、一二五〇円の支払いをしたいと言います。

レジの処理が出来ずに困ったアルバイトは、お客様に説明を繰り返します。客は、今は一万円札しかないのだから、何とか精算しろと迫ります。先輩のベテラン社員がそれを聞いていると、さらに、「社員全員の金を集めれば、おつりが出来るだろう。それでおつりを作るくらい当たり前だろう」と言うのです。アルバイトは困り、客の無理強《じ》いに混乱を起こしています。おかしなカスハラです。

状況が不利と判断をしたベテラン社員がアルバイトと接客を替わります。レジ交換の説明をして、それまでの間新札は使えない旨を入口に示したことを「見ていますか」と訊ねますが、男性は「見ていない」と回答。ベテランは「お支払いをしていただかないと困りますので、両替をしてきてください」と迫ると、「そっちの都合で俺が迷惑を被った」と言います。

ベテラン社員は強気です。再度、どこかで両替してきてくださいと迫ります。「俺が両替して持参し、支払えというのか」「申しわけありませんが、今はそのようにお願いしています」。しかし客は「この暑い中、嫌だ、店で何とかしろ」と主張します。

ベテランは何か勝算があるらしく、「お支払いをしてください、お願いします」と、さらに迫ります。押し問答で二、三分経ってしまい、精算する客が二名並びました。すると、その男性客も若干の焦りが出たようです。ベテランはそこを突きます。「申しわけありませんが、後ろの方の精算を先にしてもよろしいですか」。慌てだした客は、手にしている小脇用のバッグを開けました、そこには一枚の千円札が見え、それで支払いを終え完了しました。

先に小銭の二五〇〇円を出し、新札の一万円札を提示し困らせる、これが、今流のカスハラなのです。最初は本当に張り紙を見落としていたのかもしれませんが、途中から、相手が困る様子を楽しむことが目的となっています。それは、双方にとって「無駄な時間」なのではないでしょうか。偶然、私がその場にいたら、こんな行動をしたと思います。

レジ入れ替え表示に、新札は使えない張り紙。「それは見なかった」と答えたとき、その目を注視して、見たか見ていないのか判定をします。

どちらにしても「そうですか、誠に申しわけございません。それでしたら、本日のお支払いは結構です、再来店の際に頂戴しますが、会社に報告する手前、ご面倒ですが、お住まいとお名前、電話番号をお聞きしてよろしいですか」と、冷静な対応をします。本気で持ち合わせがないのだと信じたような対応をすることで、相手の動揺を誘うのです。もし別札を持っていた場合は、通常、その途端に支払いをする気持ちに変わります。

人は、個人情報を知られるとなると、悪意があるときほど弱くなります。

しかし、悪い人は住まいも名前も電話番号も嘘を書く可能性があります。それを防ぐためには、「ご記入ありがとうございます。申しわけございません。今その携帯電話にかけてよろしいでしょうか」と聞くだけでＯＫです。

嘘を書いていれば、「アッ失礼」と言って書き直すか、間違っているかもしれないと慌てることでしょう。

相手の言葉が正しいという前提で、最善の策を提供し、解決に結びつける。この方針は、新札問題だけではなく、どんな苦情にも対策の一つとして持ち合わせてください。スマートにこなすには、リハーサルは欠かせません。「疑っているのか」という問いには「まったく疑っておりません」ときっぱり言いながら、「それでは、電話を確認させていただきます」と、携帯を手に取り電話をかけます。そのとき、非通知にしておくこともお忘れなく。

第二話　メール対応から火がついた（開業歯科）

字は口ほどにものを言う？

スマホの普及とパソコンの利便性の向上により、苦情の世界にも大きな変化が起きています。「声」の対応から「文字」の対応への変化です。

「文字」で持ち込まれる苦情からは相手の感情の読み取りや、言葉遣いによる性格判断などが出来ません。さらに会話がないので即答も出来ず、その対応に時間が掛かり、人間味が失われた結果、混乱が深まる可能性があります。問題解決や復元の難易度は高まったと言えます。

電話ならば声の張りと質で、年齢から性別、そして、ある程度の性格も聞き取れます。中には、対応者の安心感のある声の張りや、心地よい声質が功を奏し、苦情がすぐに収まった例もあります。一方で、対応者の声が小さい、トーンが高い、滑舌《かつぜつ》が悪いことに怒りが増し、小さな苦情が膨らむこともしばしばあります。

苦情対応の経験では、対面した際、声の印象から想像していた年齢と大差があった場合、動揺することがあったのも事実です。

メールはいつでも読み返すことが出来、相手にも読み返されることがあるので、「正確さ」を中心に置くことが大事です。再度読み直すと矛盾に気づくことも多々あります。誤字脱字があると、能力まで疑われます。相手の理解を柔軟にするには文章力が必要です。今回紹介する歯科での事例も、問題がこじれたのは文章力のなさにも理由がありました。

以下が、顧問契約医院の院長から私に届いたメールです。主要な部分だけを残し、他は割愛しています。

関根さんへ

しつこい患者さんで手を焼いています。代診の医師が治療後、カルテ入力を忘れたために、患者さんのお会計が三〇分ほど遅れてしまったことに対するクレームです。

それを、お電話で説明しましたところ、以下のメールが来ました。

代診A様　並び院長様

本日（治療当日）は大変不愉快です。こちらへの謝罪の意は口頭ではなく、書面でと要請した上で、本日の治療費支払いは保留します。怒りを増幅させないため、こちらからの要請内容について、あらかじめポイントを通知します。

【通知】

「別の患者さんの治療が長引いたため、精算の入力が遅れた」とのことでしたが、入力が後回しになった理由を明確にしてください。求めているのは、取った行動ではなく、真の理由です。失念したのならば、そのことを正直にお伝えいただきたかった。

「精算前に次回予約のみ先行したこと」、後から治療の終わった患者さんが、先に精算しているのに、私は窓口に呼ばれ、次回予約のみ先に済ませています。窓口の方の配慮かもしれませんが、その時点で「忘れられている」と感じています。

治療後の精算は治療完了順が大原則と認識しています。貴医院の業務手順はありますか。院長から謝罪を受けましたが、これは院長としての「管理者責任」を認める行動ですか。

歯科はコンビニ以上の軒数があるといわれています。数ある歯科の中から貴医院を選んでいます。誠意ある対応を期待しています。

また、その日は一三時よりオンライン会議の予定があったため、治療終了時刻を計算し、会議へは遅延の連絡不要と考えた末、支払い遅れにより、大事な会議に遅れたことを新たにお伝えします。

お粗末な返信

院長はこのメールに対し以下のように返信していました。

「大変貴重なご指摘ありがとうございました。三〇分といえばものすごい時間です。会議など控えている間に来院されたのに大変申しわけございませんでした」。さらに、「貴重な意見をいただいたということで、今回治療費はご迷惑をおかけしてしまっているのでお支払いいただく必要はございません」。

この最初の詫び文を見て、文章力以前に読解力もないと言わざるを得ない対応にがっくりきました。また院長は患者（以下、Gさん）に院内マニュアルを送り、通常の流れと今回入力忘れに至った流れを併記しました。以下が、院長が書いた手順です。

〈**通常の流れ**〉

①手袋を外す。
②次回の治療予定が記入されていることを確認する。
③自分でカルテを持って、使用済み手袋を廃棄するため消毒コーナーへ立ち寄る。
④自分でカルテを受付のカルテ置き場に置く。
⑤受付近くのパソコンにて当日の内容を入力する。
⑥新しい手袋を取るため消毒コーナーへ立ち寄り次の患者様へ向かう。

〈**今回の流れ**〉

❶手袋を外す。
❷次回の治療予定の記入を歯科衛生士に依頼する。

❸歯科衛生士にカルテを受付のカルテ置き場へ置くよう依頼する。
❹手袋を廃棄するため消毒コーナーへ向かう。
❺次の患者様が待っていると知らされ、新しい手袋を取りその患者様の治療へ向かう。

❷でなぜ衛生士に依頼したのか。その理由が書かれていません。本来の手順③には「自分でカルテを」とありますが、今回は守られなかったようです。その状態で④⑤をせずに、次の患者が待っているとの情報を受け、何を慌てたのか、入力を失念しています。マニュアル通りにやっていれば、入力を忘れていることを、気づいたはずです。

これでは到底Gさんは納得しないでしょう。

対面での決着

結局メールの対応では解決できず、対面で話し合いをしようということになり、あわてて院長が私に依頼してきたというわけです。

私は以下の通り、院長にアドバイスしました。

「まず、お詫びをし、再発防止に努めることを伝えてください。相手が攻めてくるところは、先日の返信メールに書いてある【通知】の部分です。その返事を正確でブレないようにしてください。データ入力が後回しになった理由を明確に。求めているのは事象ではなく、真の理由です。単に失念していたのならば、そのことを正直にお伝えいただきたいのです。また治療費の無料は厳密には違法になります。今回の治療費は無用と断ったことを突かれたら、謝罪してでも確実にいただいてください。Gさんの苦情は金銭的補償を求める内容ではないので、正確なことをお伝えし、謝罪するべきところは謝罪をし、進めてください。なお、お詫びの品が必要となったら、改めてご相談ください」

そして、対面日。前もってGさんから、「当日は、一六時半の診察予定だが、話し合いをする時間まで間が空くので、出来れば最後の患者にしていただけないか」と連絡がありました。それは理に適った指摘でした。医師にとっても、待合室に診察後対応する患者さんがいるとなると、気が気ではありません。治療を終え、待合室でGさん、院長、代診が向かい合いました。

「先日の問い合わせに、回答をしてください」がGさんの第一声でした。以下がその後のやりとりです。前もって練習を重ねた通り、院長は誠実に対応しました。

「別の患者さんの治療が長引いたため、データの入力が遅れました」

「結局は忘れたんでしょう」

「その通りです。今回の失敗は失念したことです。それを、遠回しに説明したことを恥じております」

「後から治療の終わった患者さんが先に精算しているのに、私は窓口に呼ばれ、次回予約のみ先に済ませています。窓口の方の配慮かもしれませんが、その時点で『忘れられている』と感じました」

「それも、システムの不備です。流れに変化が出た場合、異常が起きていることの確認を私（院長）に知らせ対処を図ることを最優先するようにしています」

「貴医院の業務手順はありますか」

「それは過日の返信でお示しした通りです。そして併記したもので、それに従っていない部分が今回の原因となります。これもよく見ると、書いてあるだけでチェック機能がないことが分かりましたので、それも併せて、今後の院内研修で改善します」

「院長の謝罪は、管理責任を認めるということでよろしいのですか」

「はい、その通りです。今回の一連の問題もすべて院内で起きたこと。原因は失念でしたが、それさえも正しく伝えられなかったことを恥じております。受付の気遣いも、代診の気づき遅れも、すべてです。当然と、おっしゃることでしょうが、すべてが代表の責任と認めます」

「メールでは『貴重な意見をいただいたということで、今回治療費はご迷惑をおかけしてしまっているのでお支払いいただく必要はございません』とのことでしたが、これは何様のつもりですか。違法ですよね」

「大変失礼いたしました。当初はお詫びをしている患者様から、治療費の徴収は出来ないので、無料としようと考えましたが、間違いです」

「間違いではなく、違法処置となった場合、未払いの私にまで害が及ぶことになりますが、そうなったらどうするつもりでしたか」

「大きなご迷惑をおかけするところでした。未然に防げて、助かりました」

「結局失念した原因は、何ですか」

「入力パソコンに向かう途中に検診中の衛生士から『これを確認してくれませんか？』とか、『ここを処置してもらえますか？』とか頼まれることがあり、短い時間のチェック程度ならと、入力より先に患者さんの状態の確認をすることもあります。その結果、マニュアルを無視したことから、失念してしまったと考えられます」

「最初の電話での返事から、本日までこんなに長く掛かった理由は何ですか」

「申しわけありません。私の怠慢です。当事者である代診は月曜の午前限りのバイトですから、確認する時間が取れず遅れました」

「私への対応は、その程度のことと考えていたのでしょう」

「めっそうもございません、電話でも数回確認し、思い出せないところの記憶を戻すように申し付けていました」

「私の精神的な苦痛は、どのようにお考えですか」

「お詫びしかありませんが、しかし、何かご要望があり、出来る対応でしたら、させていただきます」

「高額でも？」

「世間が認める範囲・内容ならば準備します。G様も社会的地位は高い方だと存じております ので、異常な要求はなさらないと考えています。当医院としても、裁判にならない限り、他言無用も必要がないと思っています」

「分かりました、今回の対応を誠意と思い、これで終わりにしましょう。私のこの歯の治療はもう一回で終わります。その後は、隣は健常歯ですが、揺れが強くなっています。この治療を受けたいのです、予約をとれますか」

「根管治療となりますから、以前から、相当な技術をもった歯科医師を紹介して診《み》ていただくべきと、考えておりました。私でも出来ないことはないのですが、痛みが出たり、出血があったりする可能性が高く、まして、治療ミスがあった場合、私にはそれを完治させる技術はございません。またG様に怯えながらの治療はできません。当医院の責任としては、その治療に最適な信頼できる歯科医師を紹介するか、大学病院への依頼をさせていただきます。どうかご理解ください」

メールこそ、細心の注意を払って

この件の対応を始めて、三週間くらいしたときに、その患者の「前科」を聞きました。初来院の際、「前にかかっていた歯医者とは、トラブルがあり途中で治療を止めて来た」と言ったそうです。再度治療を依頼されたら受けますか、と尋ねたとき、「出来ればもうやりたくない」と言った院長を最後に救わなければならないと、一問一答を練りに練った結果、この対話で決着がつきました。

長いやりとりになりましたが、本来は、序盤のメールでの返信が完璧であれば、防げたかもしれない事例です。当初のGさんへの返信には、「この程度のことで」という、ニュアンスが醸し出されていました。それを読み取り相手が苛立ちを感じたと推測できます。また、ミスを正当化したい気持ちも気づかれ、対面時に責められています。相手は苦情の巧者のようで、カスハラの攻め方を十分に理解している方でした。ただ、社会的地位も高く、最後はスパッと終えてくれた紳士でもありました。この患者さんに感謝です。院長の「もうこの方の治療は私には無理」という気持ちも、しっかり見抜かれていたのではないかと思います。優しい患者さんで良かったと今でも思っています。

苦情の原因が発生すること自体は、仕事をすればある程度仕方がないと思いますが、その裏で反省の気持ちがないことは困ります。Gさんの対面でのしつこい責めは、電話でなら言い出さないくらいの小さな問題を、メールを読み返すことで生まれた苛立ちからくるようでした。時代が進み苦情についてもメール同士のやりとりが増えましたが、もしもこじれそうなときには、相手と交わしたメールのふりだしに戻り、再度すべてに目を通し、何に相手は不満を抱いているのかを正確に読み取ることが大切です。

補足：違法か？

文中で「違法」という言葉を患者さんが発しています。確かに微妙なところですが、実態としてはあり得ることのようです。会計を待たされる時間は、開業医では数分です。この歯科医院も、これまでは会計までの時間が早かったために、今回トラブルになっています。患者さんから、一声かけていただければ、何事もなく収まったのかもしれません。歯科医院としては、謝罪の意味を含め、無料を申し出たのでしょう。保健医療養担当規制一部負担金等の受領義務が定められていますので、一部負担金の請求をしないのであれば、療担規則違反となりますが、調べようがありません。しかし、未収金として処理をしても、それを脱税とした話も聞いたこともありません。これは、医院経営の医師として、税理士に正しく伝えればよいでしょう。今回の事件、受付もうっかりと言えますね。

第三話
遺体は、痛いか？（葬儀社）

最悪のハプニング

冠婚葬祭業者向けの講演を頼まれたこともありました。講演を終え、控え室に戻り一服して帰路の支度にかかったとき、講演を主催した葬儀社の社員が訪ねて来て、「一つお聞きしてもよろしいですか」と質問をされました。その方は、葬儀関係を仕切っている担当者で、困った問題が発生していて、どうしたらよいかと解決手段を求めて来たのです。

今回ご紹介するのは、この社員から聞いた話で、何と火葬場での出来事です。

ある方の葬儀にて。友人知人のお別れ式が終わり、親族の方のお別れも終わりました。火葬を取り仕切る火夫《かふ》さんがご挨拶をして、火葬炉の扉が開き、正面にご遺体が納まります。そのとき、ストレッチャーの留め金がしっかりはまっておらず、棺桶が音を立てて落ちました。今は、棺桶もくぎを打たないので、最悪の結果となり、ご遺体が転がり出たそうです。参加者からは悲鳴があがります。

当然、葬祭場のスタッフは素早く処理を終えます。留め金をきっちり戻し再度火葬炉の正面に据え、扉の中にご遺体を納めました。その後扉が二重に閉まり点火の音が聞こえ、親族は別れの涙を流しますが、動揺は収まりません。

控え室に戻ると、葬祭場の代表者が喪主に挨拶に来ました。部屋の隅に寄り頭を何度も下げました。その後は、何事もなく式が進行し無事収まったのですが、親族の心中は複雑です。仕方がない所業とはいえ、どこに怒りをぶつけてよいものやら、悶々とします。

こんなときでも、支払いは無料にはなりません。無料にされても困るような出来事で、普通経験をしないことです。

葬儀社も、そこは心得て会場での金銭の話は避けたようです。数日して、自宅にお詫びを兼ねて精算に行ったのですが、遺族は「あんなことがあっては、支払いは出来ない」と言います。日を改めて葬儀社の社長も役員も一緒にお詫びに行ったのですが、やはり支払うという話に至らないのです。何とかなりませんか……。そういった話でした。

火葬代はいくらか

私は早速質問をしました。

「事故はいつですか」

「一〇日前の五日です」

「最初訪問したとき、遺族は何て言っていましたか」

「いい加減なことをしておいて、予定通りの代金をとるのか、と言われました。その後は何度訪問しても話が進みません」

「お詫びには何を考えているのですか」

「先方が何を望むのか、それが当方の想像と一致する範囲でしたら応じる予定です」

「でも、大体に於いて、簡単に収まる事件ではないですよね」

「その通りなのですが、会社としては当然ですが火葬場へも支払いがございますので」

「ところで葬儀一式の費用はどのくらいになりますか」

「今回の葬儀は参加者も多く、会場も立派なものにしてありますので、一二五万円ほどですが、全国の葬儀平均費用は一一〇万円程度（当時）ですから、若干高いくらいです」

「では、火葬代はおいくらですか」

「この斎場は少し高めで一五万円ほどです」

「分かりました、ご相談の回答は明日お電話でよろしいですか」

とは言ったものの、名案があるわけがございません。

そんなときは、相手の心理に近づくべく、思考を変えるのです。棺から大事なお父さんが転がり出てきた、TVならおふざけのシーンですが、遺族にとってそのときは大事なクライマックスだったはず。それが壊された、あんな騒動で父は気が休まるのだろうか。こんな心理なのでしょう。

四十九日の冷却期間

翌日お返事をしました。以下が私の回答です。

「先方へ再度訪問し、このように伝えてください。

『葬儀の失態を金銭で解決はつけたくありませんが、当方としても折り合いがつく判断がないのです。いったん全額納めていただきたいと思います。と言いますのは、我々は、葬儀を司っておりますので、四十九日の間は金銭交渉を避けたいのです。安らかに霊が昇天するよう常に願うのが我々の仕事です。その忌中が無事明けましたらやっと落ち着きます。ですから、来月の一九日の忌明け以降にご連絡をしたうえでご訪問させてください。そこで冷静なご判断をいただけましたら、幸甚にございます』」

私にとっても初めての苦情事例でした。

その後、葬儀社から連絡が入りました。

「先方にお話をしたら、『それはそうだ』と言って、当社が考えた金額を納めてくださいました。喪が明けて訪問し火葬代をこちらでご負担したいというお話をしたところ、『気持ちで』ということを言われ、実際は一五万円でしたが、一〇万円でいかがかお訊ねしたところ、二つ返事で『結構です』と納めていただけました。喪主のご主人は以前のときと変わり、笑みも見せてくれました。そして『お花をありがとう』とも言われました」

お花は、火葬後に納骨を終えたと聞いていましたので、一〇日おきに墓に花を挿してくださいい、と私が指示していたものです。誰が挿してくれたものか分かったとき、冷静になれたのでしょう。

大変な騒動でしたが、人が亡くなくなり、一つの火が消えるということは、受け入れるまでに四十九日掛かるのです。

第四話　最高級の苦情（ホテル）

意外な講演依頼

超高級ホテルから、苦情対応のノウハウについての講演の依頼が舞い込みました。とてもではありませんが、私程度の収入では通常泊まれない、泊まるにしても身嗜《みだしな》みや料金が気になり、ホテル内にあるレストランのマナーが分からず楽しめない、そんなホテルです。電話を受けたスタッフも格の違いを感じ、しばらく放心状態でした。日本有数の高級ホテルでもクレームはあるのだと驚きましたが、それからそのホテルの状況を調べ、お客様第一を徹底する姿勢に敬服しました。

講演当日、玄関では蝶ネクタイにタキシード姿で出迎えられました。フロアの案内係も同じ服装のように見えます。カウンター内の受付スタッフは丸帽子をきっちりかぶり、世界の言葉を使いこなしています。その後会場を確認に行きました。どんなシャンデリアがあるのかと期待しながら。

しかし、予想と違い、案内のスタッフにメイン通路から外れ社員用のエレベーターへ誘導されます。地下へ降りて、すれ違う方は白衣。驚きです。何か変だぞ……と思ったそのとき、調理場が目の前に広がりました。なんと、講演会場は空き時間の調理場でした。開始時間も一五時という、ランチが終わる時間です。おそらく苦情対応に関する講演があること、つまり「苦情がでたことがある」ということ自体を、お客様から隠さねばならなかったのだと拝察します。

講演ではホテルやレストランの各種接遇事例を話しましたが、やりづらい思いをしました。この方々にどんな苦情が降り掛かるのか、全く想像がつかないのです。多くのスタッフは、基本は出来ていて、それが徹底されています。笑顔はいつでも出せます。お客様との会話はつつがなく続けることができます。お辞儀は本に書いたようなお辞儀をします。それも、一瞬にしてお客様の国を見抜き、その国の言葉で迎えられます。

今回ご紹介する事例は、そんな高級ホテルの講演会の後で、実際にあった事例として、スタッフに教えていただいたものです。講演終了後、講演実施の口外禁止を求められましたが、お約束した期間が過ぎましたので、書き記す次第です。

お詫びの気持ちを示せ

フロントに電話が入ったのは深夜の二時、「空気清浄機の赤ランプが点いているので、原因を調べてほしい」、というものでした。さっそくスタッフ二名が部屋に向かい、点検してみましたがランプは消えません。ゲストはその苛立ちからか、スタッフがわざと開けていた部屋の扉を閉めるように指示。部屋は広いので、二名が入っても邪魔になることはありませんでしたが、やはり赤ランプは消えません。スタッフは何か問題が発生しているので赤ランプが点灯している、と思いこんでいたのですが、さにあらず。種明かしをすると、空気が汚れている場合は空気浄化のためフル稼働し、赤ランプが点灯する、というのがこの空気清浄機の正常な状態だったのです。

ゲストは赤ランプのお陰で空気が濁り、埃っぽくなったとたたみかけ、就寝用に別の部屋を要求します。部屋移動をしてその夜は収まりましたが、翌朝、部屋に呼ばれ「機械の説明もできず、深夜に部屋を移動させられ寝不足になった。それ相応のお詫びの気持ちを示せ」と迫られました。

スタッフが支配人に確認すると、「ご迷惑の代償として対応はするべきだが、一方的な申し出をすべて聞くものでもない。妥当と思う線で受けるように」との指示がありました。

そこで担当者は朝食を済ませた頃合いを見計らって部屋を訪ね、客室の無料延長とパーク内のアトラクション優先整理券を提示しました。しかしホテルが腹の傷まない提案ばかりしていることはすぐに見抜かれ、ゲストは納得しません。そこで代替案を訊ねたところ、宿泊料金の一〇％割引を要求されました。しかしホテルとしても、割引要求には応じられず、さらに代替案としてレストラン昼食（ブッフェ料理）の無料提供を提案。ゲストはその提案自体には納得しましたが、さらに、部屋にあるハンドタオルやタオルの無料提供を要求。それはいつまでも話のタネにされることと、ホテルのマークがあるのでお断りをしたところ、今度は帰るときの駅までの車の手配は出来ないかと言い出しました。

苦情はどこにでもある

矢継ぎ早に要求が出てくることからクレーマーと見て、スタッフは、支配人に相談してからもう一度参りますと告げ、部屋を後にしました。受け手を替えることで相手のトーンを下げつつ、上司が出ることで謝意を表し、丸く収めることを狙った策です。案の定、一〇分後に支配人が謝罪に出向くと、よくしていただいたというような言葉を残し、収まりました。スタッフには些細な要望を次々出すが、支配人には小さな要求をすることが恥ずかしく、面と向かって要求を口にすることができなくなるタイプのクレーマーは、一定数います。

後からそのゲストの宿泊履歴を調べたところ、系列の他のホテルで、客室の掃除不備を理由に宿泊料金の一〇％割引を受け入れた記録があり、謝罪に対して金品を要求するタイプのクレーマーであることが判明しました。相手がどんな人物か事前に判っていれば、赤ランプで呼び出された時点で対応方法を変えていたのにと、悔しい思いをした、とスタッフは述べていました。

しかし、客の心に「カスハラ」の準備があったとしても、結局根本の問題は「現場での社員教育の欠如」ということになるでしょう。部屋にある機器の操作も知らないようでは、高級のイメージは落ちます。

私はこの話を伺って、苦情はどこにでも発生する、と考えを新たにしました。高級であれば、高いのだからそのくらい気を利かせろ、と言いたくなるのが、人の心なのでしょう。

第五話 キャリーケース破損の真実（鞄販売店）

不思議な破損

苦情センターへ電話が入り、「外国製大型キャリーケースのキャスターが曲がり破損したので、修理か新品との交換をお願いしたい」との要望がありました。その後、破損した写真が送られてきたので、見ると、社で取り扱っている代理店契約のR社製品が想像のつかない壊れ方をしていました。写真には、「破損の原因を調べてほしい。二か月後海外旅行があるので、修理を間に合わせるか代替の物を用意していただきたい」という手紙が添えられていました。

対応者は以下の通りメールを送りました。「大変なご様子お察しいたします。写真を拝見いたしましたが、修理が出来るようでしたらさっそく取りかかります。当方では、実物を見て修理可能か判断したいと思いますので、お手数ですが、当社着払いで結構ですので、お送りいただけますか。ご無理でしたら、宅配便に集荷の手配をいたします。ご購入月日と購入場所がお分かりでしたら、メモを添えてください」

現物は一週間後に届きました。本来商品は相当強度の外圧に耐えるもので、簡単に曲がることがない高級品です。しかし送られてきたものは、原形を留めていないほどのひどい有様でした。キャリーケースの足に強度の荷重が掛かり曲がっている上に、車輪は回転不能になっていました。曲がったキャスターに、手で力を加えてもびくともしません。閉じる蓋と受けのアルミの一部も変形し隙間ができ、中が見えています。これではとても使い物になりません。

早速本社へ確認するも「初めて見るほどひどい変化で、とても考えらない状況だ」と驚いています。また、驚いたことに、破損品は一〇年以上前に購入しているものだといいます。それなのに、お客様からの手紙には、「修理又は商品交換の連絡お待ちしております」と書いてあります。

社内では、一〇年前の購入品の修理・交換要求をどう判断したらよいか分からなかったようです。報告を受けた時点で、私は面倒なお客様だと察しました。おそらく修理も無料だと考えているのでしょう。

エスカレーターで挟まれた?

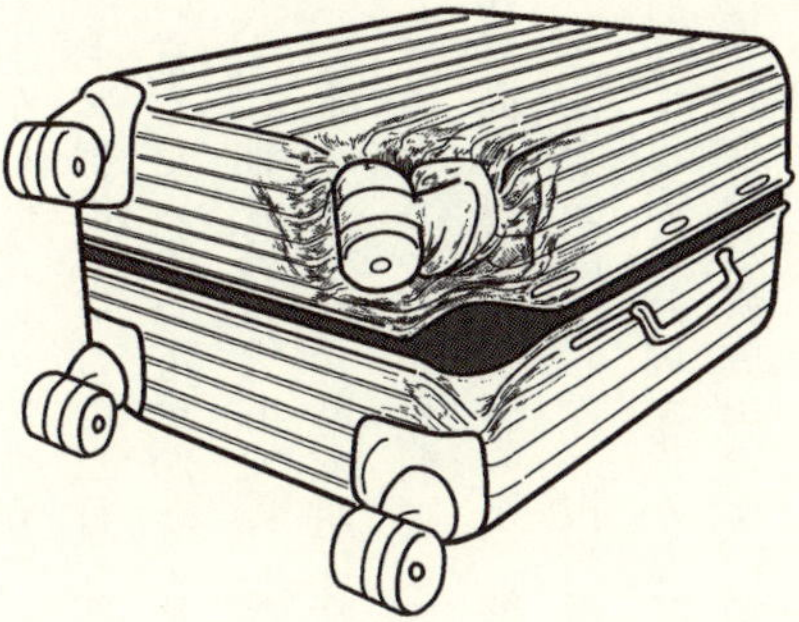

苦情客Fさんの申告によると、破損の状況としては、大阪空港から芦屋の自宅に帰る際に、新大阪駅の下りエスカレーターに乗り、降りる際に角に引っ掛かって巻き込まれた、ということでした。

私も現物を確認しましたが、荷を目一杯詰め込み、ビルの窓から下の通りに放り投げでもしないと、このような壊れ方はしないと思いました。

苦情の担当者はお客様に連絡をしました。「無事に品物は届きましたが、やはりお話にあった通り相当な圧力が掛かっているようです。これが、修理可能か製造元に相談いたしましてお返事をさせていただきます。また、駅のエスカレーターというご説明でしたが、どちらの駅でどのエスカレーターか、期日、時間等が分かりました

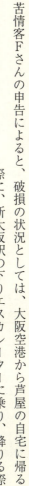

らお伺いしたいのですが」

お客様は「三月の二日一四時半頃だったと思います。当日のその時間帯は駅も空いていました。阪急電車からＪＲに乗り換える際、七番線の下りエスカレーターで降りてすぐ右に曲がろうとした際に挟まれました」と言います。

「畏まりました、場所期日が分かりましたので、状況確認させていただきます」「そうしてください。先日お願いした代替品はお借り出来ますか」「はい、お色は違うのですが、同じサイズのものをご準備いたします」「助かります。よろしくお願いいたします」

こんな会話をして、担当者は現場駅へ向かいました。駅が広いためエスカレーターを特定するのに時間が掛かりましたが、さっそく、その日の状況を聞くために、当日事故に立ち会った駅員がいないか聞いてみましたが分かりません。案内をしてくれた駅員に「当日エスカレーター事故がございましたか」とお聞きすると、「それは、個人情報になりますので、本人以外にお話をすることはできません」と言われてしまいました。

その連絡を受けた私は、「では、当日その時間にエスカレーターが止まった記録があるかどうか確認してください」と指示しました。止まったエスカレーターがあるか否か、それなら、個人情報に関係ありません。予測通り、エスカレーターの停止記録はありませんでした。

また並行し、RDS社の修理責任者に「この破損状況をどう見ました」と確認しました。やはり「過去に見たことのない壊れ方で想像がつかない」ということでした。

「不思議なのは、曲がったキャスター以外、外部には新しい傷がないのです。仮にお客様がおっしゃる通りエスカレーターに巻き込まれたのなら、本体や他のキャスターにも何らかの傷や変化が出る可能性が高いです。まして、ハンドルに異常がないということはあり得ないと思います」

「やはりそうですよね。私も同感です。それに、『交換』という言葉を使いました。それは、壊れて直らないなら交換しろ、と言っているのですよね。一〇年も使ったものですから、それは、論外だと判断しますが、いかがでしょう」

「おっしゃる通りでそこも疑問なんです」

私は、正論を押し通すタイプですから、この案件は最初から言いがかりだと思っていました。こちらに瑕疵があるなら、法的に通用する請求をし、その証明を立てればよいだけのことです。

そうこうしているうちにひと月がたち、Fさんから催促が入りました。貸し出す商品は決まったか、何リットルの大きさか。真摯に対応する企業側は「少し小さめですが、七五リットルサイズになります。またお色は現物と違いグレーになりますがよろしいでしょうか。よろしければ、さっそく手配いたします」。現実には貸し出し用は倉庫にあるのですが、点検し消毒をして貸し出すには多少の時間を要します。

一方、破損した製品の確認を依頼していた日本の代理店から、「この破損は想像が不可能」という報告がきました。さらに、「この大きさと、エスカレーターのベルトの高さからは、どう計算しても、エスカレーターには挟まれることがないと判断した」とのこと。

落としたのなら少しは理解出来るが、その部分以外に傷がまったくないことから、どうしたらこうなるのか考えられない、とのこと。修理専門の担当者の意見と一致しています。

証拠を揃えて交渉へ

いくつかの手がかりが揃ったこのタイミングで、外部から指示を出していた私が、交渉に加わりました。Fさんに電話をかけ自己紹介をして、担当と一緒にご対応をさせていただくことを了承願います、と伝えました。相手の返事は一瞬遅れました。「何で人を増やした」と考えたのでしょう。

私はFさんにおたずねしました。

「お客様、新大阪駅にお願いして聞いても、その日のエスカレーター停止はなかったようなんです。挟まれたときにエスカレーターは止まりましたか」

「いや止まる前に自分で引き出したよ」

「さようでございましたか。我々はあの傷から見て止まったと思い込んでおりました。またF様のご説明中で『止まらなかった』と聞いておりませんでしたので、てっきり止まったものと思いました。そうしますと、どんな角度でどのようになったのか一度現場で教えていただきたいのですが、いかがですか。ご都合の良い日をお知らせいただけましたら、お車でお迎えに上がります」

この提案には、裏付けとなる自信を持っていました。公共で使用するエスカレーターの標準サイズは、高さ幅ともほぼ同じになっているようです。キャスターの破損原因追及のために、また、社としては最悪事実でも、製品改良するためにも見ておきたいのです。

私はさらに続けます。

「あの状態では、キャスターが回転しないので相当な重量になったとお察しいたします。そのときご自宅まではどのようにお帰りになったんでしょう」

「もちろん動かなかったので、駅前から自宅までタクシーで帰りました」

「それは申しわけございません。となると二五キロほどありますから、タクシー代も嵩《かさ》んだことでしょう。高速代を含めると一万円を超えたと思います。そのご請求をいただいておりませんが、よろしかったのでしょうか」

「それはいいよ、自分の仕出かしたことだから仕方がないとして」

ここでFさんは、自分の仕出かしたこと、と口を滑らせましたが、それには気がつかないふりで私は続けます。

「そうは参りません、当方に何らかの欠陥が判明しましたら、それは、ご請求の対象にしていただかないとご迷惑をかけたままになります。どうか、タクシー会社の名前だけでも教えてください」

「いいよそれは」

私は準備した資料を手元に置き、続けます。

「手元資料を見ると、大阪地区を走るタクシー会社の大手が分かります。思い出していただきたくお知らせいたしますと、日本交通、国際興業大阪、日本タクシー、さくらタクシー、未来都、阪急タクシーほかですが、思い出しましたらご一報ください。当方といたしましても、当日、その頃の時間に新大阪駅からお客様のご自宅まで送ったタクシーを探してみます。ご自宅でよろしいですよね」

「いいよ」

「今は走行記録が自動で記録されていますので、見つかる可能性が大きいと思います。お手元に領収証などがございましたら、とても助かりますし、なくとも確実になった時点でお支払いさせていただきます」

相手は大事なお客様ですから、親切丁寧は当たり前。そんな出費を聞いてしまったら知らん振りは出来ません。しかしお客様の語るストーリーには不合理なところがあります。駅には何の苦情も入っておらず、エスカレーターが止まった形跡もない。新たに、タクシーの話もでてきた。

しかし、何かがFさんを急がせている。うっかり貸し出しをしたらその品が返されない可能性まであります。Fさんは修理代を払うとか、代替品を買うということは一切言いませんでした。このままではすべて相手が正しいことになり、取り返しがつかなくなります。

相手に確実な詳細を伝えたところで、私は対応停止の指示をしました。時間の経過により、相手がじれることを待つ作戦です。Fさんからはしばらく連絡が途絶えました。何か相手が行動を起こせば、こちらも対応ができます。どう考え、サイズを測定しても、このキャリーケースの厚みがエスカレーターに巻き込まれるということはない。だとしたら、Fさんの話に嘘があることになります。本来は破損の真相を突き止めたいのですが、分かりません。いずれにせよ、このキャリーさえ正常なら今後何年も使える。Fさんには、偶発的な事故を製品のせいにしたいという思いがあったのでしょう。

「法的手段」という言葉を待っていた

ひと月と二〇日が過ぎた頃、Fさんから「修理は出来ましたか、または、代替品は用意できていますか」と連絡が入りました。「どちらもまだなんです」と言うと、怒り出し、対応する気があるのか、それでも一流会社かなど、滔々と四〇分も抗議をして、結論が出てはいないのに、怒りながら電話を切ったそうです。対応したスタッフに聞くと、以前とは人が違ったように怒りまくったとのこと。こちらはそれを待っていました。ここからは、メールの役目になります。

「下記お問い合わせの件につきましてご連絡をさせていただきます。拝見する限りではかなり強い力により本体（ボディ）、フレーム枠組み、キャスター等、変形させられてしまったようにお見受けいたしました。破損した状況は駅のエスカレーターとのことでございます。キャリーケースの足・キャスターの一部がエスカレーターの階段状に順番に動いて出てくる箇所に引っ掛かり巻き込まれるような格好になり、そのままキャリーケースが引っ張られて変形したという状況とのことでしたが、駅のエスカレーターの停止確認は取れていません。

　また、キャリーケースがこれほどまでに変形したということはお話の通りであれば、エスカレーターの方にも破損や変形が起きたのではないかと思いますがいかがでしょうか。大変恐れ入りますが、今のところは起こった事象としては非常に珍しいケースで、不運な事故のように思われますが、ご指摘にありましたように本製品の足・キャスター部の形状デザインを検証するために、お鞄を再確認して結論をお出しいたします。あと、一週間お待ちください」

二日後に、Fさんからこんなメールが届きました。

「御社の対応は実にいい加減だということがはっきりしました。そこで、私も時間的に余裕があるわけでもなく、この案件は早く片を付けたいので、法的手段も考えております。ぜひ最後に前向きな検討をご依頼する次第です」

実はこの一言を待っていたのです。「法的手段」、これは、こちらから口にすることは出来ない言葉です。今回取った戦略は以下の通りです。苦情を入れた側に作為があると踏んだ場合、じらす、返事を遠ざける、急ぎの返信はしないなどの手段により、相手を突き放します。すると、相手は見透かされたかもしれないと焦り、最後の脅しで揺さぶりをかけてくることが多いものです。

当方からはこのように返事をします。

「それでは、最終判定をしていただくために、ご存じでしょうが消費者センターという機関があります。双方で立ち会っても構いませんが、F様が訪問していただくのが筋です。当社が相談しても返事をしません。それは、消費者センターとあるように、消費者のための相談所であり、味方です。そのお返事にはすべて従う所存です」

以下がFさんからのお返事です。

「一流企業の外国製品を扱うお宅は代理店でありながら客意をまったく理解していない。何の証拠があってそうなったのかも理解しようとしない。私も忙しいので、こんなことに関わる時間は無駄になるだけです。カバンの一つや二つ、ひどい企業と遭遇したと思い諦める。修理も出来ない、代替品も用意しない企業が今現実にここに存在することを悲しく思います。代理店の看板を外すことを望みます。本来ですと、こんな詐欺的な対応は、ネットやSNSに拡散したい気持ちですが、それで私の気持ちが収まるわけではなし、止めた次第です。最後に、直らないカバンは不要です。貴社でご処分をお願いする」

事件発生から約三か月、予想通りの結末でした。しかし、まだ苦情対応は終わりではありません。私は担当者に、壊れたキャスターに何キロの荷重がかかった際に、この状態になるか科学的に調べること、加えてエスカレーターでこの状態になることがあるかどうかも調べてください。また、現物は社内でそのまましっかり保管してくださいと伝えました。

Fさんのカスハラが続けば、一年経過した頃、「修理が可能なところが見つかった」と平気で言ってくる可能性があります。そのとき処分後だと、「なぜ勝手に処分した」

と補償を迫ってくることも考えられます。一年したら郵送で処分承諾書を送り、それが来てから処分をすることです。

第三章

クレーム対応の技法

本章では、私の体験から得た、苦情対応、クレーマー対応の基本姿勢を紹介します。百貨店での対応以来、現在まで一般社会で起きた事象から得たエッセンスを書きますが、これらは「カスハラの世界」でも、充分応用でき、裏事情を知ることで、その活用も可能です。なぜなら、現代社会は「先発言有利社会」なのですから。

まずは、誰もが実践してほしい基本的対応を箇条書きにしてみます。くわしい説明は、次頁以降に行います。

【基本的対応】

1．非があれば、真摯《しんし》な態度で謝罪をする。
2．お客様の申し出は、感情を抑え素直に聞く。
3．会話は正確にメモを取る、録音する。
4．説明は、慌てず冷静に考えてする。
5．現場、現物を見ることができるなら、見てから対応する。
6．対応は迅速に行うことがベストだが、遅らせた方がよいものもある。
7．一般の苦情客を、クレーマーに仕立てない。

8. 理由なきカスハラと確信したら、「毅然さ」を持ち抗戦もやむなし。
9. 文書による知らせは文書で返す。ただし、記録が残るので、慎重に。
10. 疑わしい苦情も増えている、警戒心をもって臨め。
11. 苦情対応は平等に。

1. 非があれば、真摯な態度で謝罪をする。

クレームや苦情になるということは、だいたいこちらに非があるはずです。そうなると謝罪をしなくてはなりません。

謝罪の仕方にも、重要なポイントがあります。

対面している場合で説明します。まずは、「言葉」であり、次にお辞儀を含む「態度」、そして「表情」です。

言葉は、一つ一つ慎重に選び、決して感情を害さないものを使います。言葉一つで二重苦情に発展することは、よくあります。

次は、態度です。やや背を丸めて、一メートル前後の距離なら、頭を少し前に、目はお客様の鼻先辺りを見ます。時々目線をやわらかく合わせることを忘れないでください。最後は表情です。表情は、本心から「申しわけない」と思ったときは、自然と出ていますので心配ありません。一方、少しでも疑心があるときは、顔に出て、それは見抜かれてしまい、いつまでたっても収束しないことがあるので、注意が肝心です。

2. お客様の申し出は、感情を抑え素直に聞く。

お客様の発する言葉は、大体がきついものです。

それは、「私は怒っています」という表示でもあります。しかし、対応の仕方としては、その感情につられてはいけません。

その感情をまともに受けると、表情がどうしても強ばり、お客様を見る目が厳しいものになり、時間がたつにつれ睨《にら》んでいるような結果になります。

その防止策は、ともかく素直に聞くことです。

素直に受けることで相手の感情も収まってきます。

3．会話は正確にメモを取る、録音する。

これはクレーム・苦情対応の基本です。

その割に、これを実行する人が少ないことに驚かされます。メモは遠慮してはいけません。聞き逃したこと、分からない言葉は、聞きなおして結構です。その瞬間、相手に余裕があれば、こちらが真剣に聞いていることが伝わり、信頼される効果があります。

とくに5W（いつ、どこで、誰が、何を、なぜ）は正確に聞いてください。また、電話番号や住所は必ず最後に復唱しましょう。落ち着いて話すことができる状態なら、内容もすべて復唱します。

復唱のさいも、謝罪すべきところでは、謝罪の言葉を挟みながら確認すると、だいぶ和らいだ感情になります。

とくに、ヤクザなど怖い人やその筋の人のクレームや苦情は、複数人で記録をして必ず確認してください。

現在、苦情やカスハラの現場では、録音をすることは自然ですが、相手にことわると否定される率は高くなります。ただ、その会話を基に正確な記録を作るためなら、無断録音も法的に罪にはなりません。ただし、無断で他人に公開することは止めましょう。

4. 説明は、慌てず冷静に考えてする。

クレームや苦情を申し入れられたさい、こちらから説明しなければならないことがあります。また、相手の誤解を訂正していただく場面も出てきます。

そんなときは、最高に神経をつかうときです。

説明は正直にすること。その場限りの対応は、のちに必ずこじれます。

訂正に関しては、「あなたが言っていることは違います」ということですから、これを伝えるのは神経をつかうし、できれば避けたいものです。しかし、そこで避けると、先に行って変更するのはもっと困難になるので、慎重の上にも慎重に言葉を選んで、伝えなくてはいけません。

たとえばこんな言い方です。

「先ほどお叱りをいただいた△△の点でございます。確認はしてみますが、私どもでは○○と理解しておりました。改めてご報告させていただきます」

このように大量の前置き言葉を使い、へりくだった言葉づかいで、やわらかく聞こえるようにします。

5. 現場、現物を見ることができるなら、見てから対応する。

これは、事故や苦情、またカスハラでも、対応するにあたり非常に大事なポイントとなります。

現場とは、場所だけでなく、担当した社員やその周りにいた社員が見た事実を確認することも含みます。

私は駆け出しの頃、数回、お客様から叱られました。

「責任者として謝罪に来たのに、肝心なことは聞いていないのか」と。

とにかく、「早く処置したい」という気持ちが先行し、接客した担当者から些細なひと言を聞き逃したために、逆に苦情が膨らんでしまう例もありました。また、現実には、現物を見ていないため、色の表現が出来ないで困ったこともあります。

それ以来、クレームや苦情に立ち向かうさいは、担当者からできるだけ詳細に、経過と状況を聞き、全体像を把握して臨むことで、お客様の不満まではっきり見えてくるようになります。そうなると対応は的を射て、信頼の復活に結びつきます。

6. 対応は迅速に行うことがベストだが、遅らせた方がよいものもある。

早ければそれに越したことはないのですが、正確さも要求されます。

クレーム・苦情にもさまざまなジャンルがあり、なかでも急がなくてはならないものは、事故・食中毒・医療・洋服の針混入・指定配送の遅れ・冠婚葬祭関連などです。

どんなクレーム・苦情も迅速が一番ですが、時には時間を引き延ばせるだけ延ばす対応もあります。

実例では、美容院でカットした際、お客様の想像より短いと苦情。歯科医で治療後、歯の痛みがひどいと電話。などですが、髪の毛は日毎に伸びますし、歯は痛み止めを飲んだことさえ確認しておけば、こちらからの連絡は遅い方が、良い結果になっている場合もあります。その後連絡をして、情況を伺い適切な解決策をお知らせして終わります。

常に正確な対応、そして、その問題の適切な解決策をもって臨むことが基本になることも、忘れないでください。

7. 一般の苦情客を、クレーマーに仕立てない。

クレームや苦情の対応で、相手をクレーマーに仕立てることは、絶対あってはなりません。顧客の権利は法的にも上昇の一途をたどり、どの業界でも非常に強くなってきています。それに向きあう企業側は、本業があり、苦情対応セクションのレベルは上がってはおりますが、顧客による、いじめ、イチャモンには常に後れを取るものです。

そのため、お客様のクレーム・苦情に対して、対応が長引くことを避けるため、または、知識の不足を隠すために、つい過剰な反応をしてしまいます。

私は、「苦情の対応は、紙一重の満足が顧客の信頼につながる」と感じています。顧客は、自らが望む対応とほぼ同じことをされると、安堵するものです。クレーマーも最初は普通のお客様だったのです。

しかし、本物のクレーマーになれば、もはや顧客ではありません。カスハラとして徹底した対応で排除してよいと考えています。

8．理由なきカスハラと確信したら、「毅然さ」を持ち抗戦もやむなし。

カスハラも苦情と同じく、話をよく聞くことが基本です。また、攻めて来るからには理由がはっきりしているでしょう。しかし、中には、自己中心の判断だけで文句を言ってくる方がいます。それは、常識を逸脱します。結果、受け手側に落ち度はなく、「社会通念に反している」等の会話をされても、回答はできません。

その場合は、充分に聞いたうえで、理解不能なら、相手に伝え、上司に代わることをお勧めします。

こんな事例がありました。「横断歩道のペイントが薄れている。行政は県にどんな申し入れをしているのか。渡っていて交通事故にあったら誰が責任を取るのか。やることもやっていない職員は、税金で食っているくせに何をしている。期末手当は全員返上してほしい」。こんな場合、「よく理解出来ました。ただ、私では説明が至りませんので、上司に代わります」と伝え、上司には、詳しい内容を、時間をかけて正確につなぎます。待たされた相手は、「どれだけ待たすのか」と言い、話題が変わる可能性もあります。

対応では、「大変貴重な意見をいただきました。報告はお客様の要望等聞き洩らしてはならず、詳細に受けていましたので遅れました」。これで待たせた理由は述べました。「して、期末手当は全員返上ですか」と聞くことで相手は返答に困る。「それは、さっそく首長に申し伝えます。ところで、お返事は必要ですか」。これらは首長に聞かなくても年度で決まっていることで、変更は不可能です。ここでは、この会話によって以後の妨害を防ぎます。

カスハラも立派な苦情の一種です。しかし、苦情と同じ対応では埒が明かないこともあります。そこで、対応には「毅然さ」が必要になり、それ以上の受け入れはしない姿勢を見せてよいと思います。

ただ、毅然とするということは、大変難しいことです。相手の指摘に回答が出来なければ、「逃げ」とも取られかねず、苦境に陥ります。この対応をするときは、上司と連携し、確認のうえ臨みましょう。

9．文書による知らせは文書で返す。ただし、記録が残るので、慎重に。

ＬＩＮＥやネット横行時代。文書には文書が基本です。文中に連絡を待つと書かれ、連絡先がある場合はそれに従いましょう。事件になるのは、文書に電話で連絡をしてしまうこと。相手の置かれた環境によっては、出られない場合もある。また、周りに人がいて話せない場合もあります。これで、二重苦情になることが多いのです。

現在はＰＣメールやＬＩＮＥを使って苦情が舞い込みます。返事はそれを使いますが、言葉と違い、記録がすべて残ります。文書をどう読んでも、文書通りにしか取れない文を書き送ることが求められます。書いたものを上司に確認してもらってから送ることが必然となります。法が絡むような内容は、総務部や法務部があれば、そちらの見解を聞いて作文しましょう。

10．疑わしい苦情も増えている、警戒心をもって臨め。

「詐欺」は以前からありましたが、今も疑わしき苦情が多いのも事実です。当然真摯に対応しますが、「ピン」と来る場合があります。

多いのは、どう見ても、お客様の過失なのに、破損を企業責任に転嫁する事例。それがだめなら、製作の段階はどうだったか、等々深掘りしてきます。

飲食も「気分が悪くなった」「食べたものをもどした」と連絡が入る。医者による検査を勧めるが応じない、ただ気分が悪いとだけ言う。「当社の責任なら、受診費用も休職期間の給与も補償しますので、医院の診断書をお持ちください。もしものことがあると取り返しのつかないこともありますので、お願いします」。これで、医院診断を受けなければ二度と連絡はないでしょう。最後に、持つべきは警戒心であって、受け付け拒否はすべきではありません。

11．苦情対応は平等に。

販売時も苦情時も、お客様への対応は平等に、というのは基本的な前提です。

百貨店にも常連客はいます。ある売り場に顔見知りのお客様が来店したとします。そこには一見《いちげん》のお客様もいて、販売員の態度が違うことに立腹して苦情になることがよくあります。

販売員には大きな落ち度はないのです。なぜなら初めてのお客様になれなれしい態度もとれないし、趣味や好みもまだ知らないのですから。

それでもお客様は平等を望みます。それには、売る側の慎重な気づかいを持った接客が必要だということです。

クレーム・苦情への対応もまったく一緒です。

＊　　＊

「誠意ある対応」とはどういう態度か

現場で起きたクレームや苦情は、なるべく現場で解決する、という心構えで臨みましょう。決して最初から上司を頼りにしないことです。

「私の責任で対応させていただきます」という気持ちを強く持って臨むことで、自ずと慎重になり、敬語や謙譲語も使い分けられるようになります。

相手はそこに誠意を感じてくれます。

この場合の「誠意」とは、具体的に以下のようなことを指すのだと考えます。

1. 謙虚な気持ちで丁寧なお辞儀。
2. 苦情を聞くときは、「拝聴する」という気持ちで臨む。
3. 必ずメモを取りながら聞く、聞き逃したら確認させていただく。
4. 話の腰を折らない、反論はしない。
5. 苦情を言う心理を教えていただく、という感謝の気持ちで接する。
6. 記録したことは、必ず復唱・確認する。

以上の気持ちが相手に伝われば、解決への道はぐっと近づきます。

なお、苦情対応を上手くやるには、「申し出のお客様を絶対に失望させない」という気持ちを持って臨むことが肝心です。心の中で少しでも「苦情かぁー」と思った瞬間から、相手に対して隔たりができてしまい、それは結局、相手に察知されます。

「申しわけないことをした」

「大事な時間を台なしにした」

「恥ずかしい思いをさせてしまった」

これらは、起きてしまえばもう取り返しのつかないことですが、非は非として心から詫びる誠意ある対応が、結局は良い結果をもたらします。

詫びる姿は、「謙虚な気持ちで丁寧なお辞儀」と書きました。さらに付け加えれば、「相手だけを意識した姿勢」です。

謝罪をする者が、周りのお客様や他の社員の目を気にしながらでは、相手に謝罪の気持ちが伝わるはずもなく、結果として収まらないことになります。周りからどう見られているのか、と心配する意識は、かえって解決を遠のかせます。

謝れなかった失敗例

大阪での出来事です。ある店舗で、常連の顧客から、ゴルフパンツの裾上げの技術に対して苦情になりました。

「なんなの、これは！　あれほどキチンと直してって言ってたのに。ほつれたり、長かったり。もうあんたのところではパンツは買わない！」

あまりに大きい声なので、そこにいた全員がこちらを見ました。

対応した責任者は、冷静に対応できませんでした。恥ずかしいのもあいまって、腹立たしさがこみ上げます。部下や後輩の前で、まるで自分が失敗したかのような形にされてしまったのですから。

そして、つい言い返してしまったのです。

「いきなりそんなデカイ声で言わなくてもいいじゃないですか！　私が修理したわけじゃないんで、修理場の人に文句言ってきますから」

すると相手は、「そんなんどうでもええねん！　あんたが修理してもしなくても、実際こんなんやねんから謝れ」と。

「謝りますけど、修理場の人を呼んでくるから、その人に文句言って」

最悪にも、お客様とマジな喧嘩をしてしまったのです。

結局、そのお客様は怒鳴ったことでストレスを発散したのか、「あんたが悪い訳《わけ》ちゃうけど、ここの修理はほんまにヘタクソやから客逃がすで、ってゆうといて」と言われ、もう一度やり直してお渡しすることで終わりました。

なにを隠そう、この失敗談の「責任者」はのちに店舗のエースとなった人です。

お客様が、さらに大きい声になったのは、責任者の彼女の態度がそうさせたのに間違いありません。おかげで、店員はみんなオロオロするばかりでした。

この場合、冷静に、「申しわけありません。再度注意しておきます。念には念を入れてチェックしますのでお許しください」と、お答えすればよかったのです。

ですが、この失敗は彼女を大きく成長させました。立派に成長した彼女から、その後何回もお客様対応のコツを聞いたことがありました。

謝り方にもコツがある

あるとき、百貨店で謝罪現場を目撃しました。

その担当者は、入り口の受付カウンター脇で、お客様に長時間、何度も何度も頭を下げていました。そのときは、顔がにこやかなまま謝り続けているので、どうしたらあんな顔で接することができるのか、不思議に思ったものです。

のちに、その方に話を聞く機会がありました。すると、そのときの記憶はまったくないとのこと。ただ、苦情をいただいた顧客に謝罪をするのに、「周りなどまったく意識しないで行動するのが当たり前」とのひと言でした。

これがプロフェッショナルです。

苦情を申し出ても、対応がスムーズにいけばどなたも気持ちが収まるはずです。拡大する原因は、初期対応にあります。

よくある事例としては、緊張のあまり相手の言ったことを上手く理解できないようなときに起こります。

それ以外にも、対応する姿勢、商品の知識不足、常識の欠如、対応に費やす時間等で拡大します。対応技術の未熟さに気づいたら、学び、次回に備えるべきです。

普通は、非を素直に認めることと、誠意ある対応でほぼ収まります。

なお、以下の行為が事を大きくする場合があるので、注意しておきましょう。

1. 非を認めない。
2. 言いわけをする。
3. 責任を転嫁する。
4. 苦情を聞く態度でない（言葉、眼つき、しぐさ）。
5. 反省の色がない。
6. 対応が遅い、または不充分。

「苦情震度」を記録する

「災いは忘れた頃にやってくる」という諺《ことわざ》は、今も生きています。

クレーム・苦情の報告を記録している企業が、だいぶ増えてきました。その内容は時間の経過、社員の転勤や移動などで、当時の状況を知る人が徐々にいなくなるからです。

しかし、報告書を書くとき、分かりやすくするために、社内用語や専門用語に置き換えて書く傾向があります。

それは、顧客の「生の言葉」を変えてしまう結果となり、怒りの度合いが伝わりにくくなります。

これを避けるためには、たとえば職場内で、「苦情震度表」というものを作成し数値化しておくことが必要でしょう。のちに誰が見ても苦情の強さ（大きさ）が分かり、分類や活用が容易《たやす》くできます。

震度の測定項目は、顧客の発する言葉、表情、態度を五段階に分けて捉え、職場ごとに決めます。

また、クレーム・苦情を活用するということは、苦情事例そのものでなく、その原因の点検ができるように突き止めて記録しておくことです。

点検すべきポイントを抜き書きしておくことで、新人が見ても簡単に確認できるようにしましょう。

心理的変化の察知

非を認めたら、ただ謝罪することが解決への一番の近道です。謝罪の仕方によっては、逆に相手に気に入られて、後に顧客になってもらえることは少なからずありました。

ただし、「ただ謝罪する」という手法は、新人かせめて二年目くらいの未熟な販売員のみに許される行動です。

では、ベテランはどうするか？

こちらはスマートに解決したいものです。「お客様の気持ちになって」解決することです。

それは、よりくわしくは、「不満発生から現在に至るまでの、相手の心理的変化を察知する」という難しい技なのです。この技術さえあれば、クレーム・苦情解決の確率はぐっと高くなります。

たとえ、商品の瑕疵が原因の苦情でも、隣り合わせに心理的不満が存在するものなのです。

対応力のある人は、短時間でそれを突き止めることができます。

苦情でない苦情

クレーム・苦情が発生するときは原因があり、それを伝える手段として言葉があります。その対応は、原因を突き止め説明をすることになります。

クレーム・苦情を申し入れる側は、「嫌な思いをした」「損をした」「差別された」等の被害を感じており、対応としては、補償の問題に発展するもの、弁償するもの、謝罪で済むもの、に分かれます。

なかには、お客様が納得せずに物別れもありますが、これは稀です。どちらにしても、苦情の申し入れには真剣に対応することが基本で、なんらかの解決策はあるものです。

ところが最近、世の中にはもっと別の苦情があることが分かりました。「苦情でない苦情」です。

例を使って、説明しましょう。

●「なんで、あんな、やぶ医者に診せたんだ」

校内でけがをした生徒の手当てを校医がして、帰宅させたところ、保護者からこんな苦情が来ました。この問題を、読者のみなさまはどう受けとめますか。

お断りしておきますが、学校でもまともな苦情やご意見はたくさんあります。それらの多くは解決されているのです。ここに、例として出したものは、普通の苦情と違い、教師が判断に困るものを提示しております。

この申し入れを受けた担任の先生は、どう説明するのでしょうか。また相談を受けた校長・副校長は、学年主任・担任にどうアドバイスするのでしょうか。

この苦情を受けても、何を言いたいのか、どうしてほしいのか、判断に困ります。たとえ訴えると言われても、謝りようもありません。

このときはまず、「これから、どうしたらよいかご意見をお聞かせください」と応じます。意見を聞くに留めておければ、それに越したことはありません。

クレーム・苦情対応にはいつも、相手の心理を読む必要があります。この場合に考えられる心理はたくさんあると思いますが、ここでは極論を掲示します。

＊この家庭は、ここの校医となんらかのトラブルがある、またはあった。

＊この保護者と校医の夫人の仲が悪い。
＊保護者の噂《うわさ》では評判のよくない校医となっている。
＊同じ地区に、保護者の近しい関係（たとえば親戚）の医院が存在する。
＊そこの医者は、校医になりたがっている。

と、こんな具合でしょう。

では、その対応です。しつこく苦情をくり返す相手に毅然として臨むなら、こうなります。

「それは申しわけございません。○○医師が〝やぶ〟だとは知りませんでした。ところで、よろしかったらどんなところが〝やぶ〟なのか教えてください。学校医として問題があるようなら、しかるべき委員会にはかり検討したいと思います。できる限りくわしく教えてください。

また、充分に注意はしますが、今後ご子息に事故が発生した場合は、そちらで医院を指定してください。そのため、常に連絡が取れるようお願いします。そして、連絡が取れない場合は、どのようにしたらよろしいのか、できれば書面にていただければ、今後の引き継ぎにも役立ちます」

この程度の対応をしないと、イチャモンのような「苦情」を言ってくる保護者には、効果はないでしょう。

実はこれは、苦情ではないと私は思います。なぜなら、先にも書いたとおり、対応する手段がなく、何もしないでも収まるものだからです。真剣に取り組まないことも、苦情対応の一つの手法だと言えます。

こんな「苦情でない苦情」は、世の中にはたくさん転がっているようです。大事な点は、その申し入れに返事をすべきか否かを判断できる能力をつけておくことです。

「負の勲章」のありがたさ

残念ながら、苦情対応の技法は「失敗」して初めて身につくようです。ですから、苦情が発生したら力《りき》まず、肩の力を抜いて臨むことで理性が働き、相手の言葉もよく理解できるようになります。また、いっときは対応が成功したように感じても、数日、数か月経つと対応の細かな失敗に気づくものです。

この気づきこそが、成長のあかしです。これは人間同士の付き合いが基本の社会において、あなた自身の大きな財産となります。苦情対応の多さや大きさは競うものではありませんが、その事実は消すことのできない「負の勲章」なのです。でも、せっかくいただいた勲章ですから、正しく記憶して生かして使いましょう。

苦情を減らすことはできても撲滅するということは不可能です。しかし、減らす努力は継続すべきです。

そのためには、なにより苦情というものの本質を知ることが欠かせません。苦情は言うほうだって、「できるなら言いたくない」のです。それでも、我慢できない不満や被害があったときに、申し出てくるわけです。だから、相当なレベルのものだと考えなくてはいけません。発生した不満もすべて申し出があるわけではなく、ごく一部が声となって届きます。

ということは、一つの苦情の裏には苦情にならない苦情がたくさんあり、顧客は意を決して問題提起してくれたのです。その対応をおろそかにすることはできません。有名な「グッドマンの法則」によれば、一人の苦情を言う人の背後には、二六人の同じ苦情を持つ人がいたそうです。

グッドマンの分析は、アメリカのコカ・コーラ社の統計情報です。私は考えました。「この先の苦情を考えるとき、日本では、どんな時代になるのか」、運よく多くの講演依頼をいただいたことから、講演前にアンケートを取ることができました。その結果を「日本苦情白書」としてまとめています。一〇年間隔を空けて二度統計を取り、その変化を見ることができます。

私の調査ではこんな結論が出ています。苦情対応が得意か、の質問に「得意」と回答した方は5・8%で、「不得意」が31・9%。苦情を言われたときに、「嫌だな、面倒だ」と回答した方は33・9%、ところが、「よい意見が聞けるかもしれない」と回答した方が、26・9%もいるのです（アンケート数1万7498人、『日本苦情白書』より）。今後の活動の、何かの参考にしてください。

カスハラの正体

ここまで、実際の事例を紹介しながら、困ったお客様への対処方法を示してきました。いかがでしたか。「カスハラの正体」は分かりましたか。

この「カスハラ」という言葉は、三年ほど前から世間を騒がせるようになりました。労働者の減少に並行して離職する社員、その原因の一端にカスハラ、つまりカスタマーによるいじめがあると企業や労働組合が結論付けました。政府厚労省はプロジェクトを進め、東京都ではカスハラ防止条例が今年（2025年）の4月に施行されました。

しかしカスハラと「まともな苦情」とは、どう区別するのでしょうか。その方法が分からないまま、新たなクレーマーを懲らしめたいという感覚が、苦情の世界を知らない人たちも巻き込み迫ってくるように感じ、国中でカスハラという虚像をつくっているような気すらしています。

私はこの世界に身を置いて以来、お客様のための対応をしてきました。それは相手がどんな方であれ、カスタマーだからです。95％以上の苦情の原因は、受け手、つまり企業側にありました。それ以外は「理不尽」なものですから、抵抗も押し戻すこともしました。中には出入りをお断りした方も数名いました。

しかし強く申し上げたいのは、最初から「カスハラ」と決めつけ、「なぜ、この方は怒っているのか」という原因追及を怠ってはならないということです。苦情がでるということは、些細なことでも、カスタマーが不利益を受けているということです。つまり、受け手のミスや不慣れにより、不快を感じる。被害がでる。時間の無駄を生む。それに対する抗議です。その抗議が理不尽なものでないかどうか、見極める方法が曖昧なまま、「カスハラ」という言葉ばかりがひとり歩きすることには疑問を感じます。国の方針に便乗した百貨店もありますが、それはとても危険な行動ではないでしょうか。仮に、その企業が「カスハラ認定」をした方は、店から排除されます。しかしそれは優良なお客様まで遠ざけることにつながりませんか。

南の地に、転職の相談をしてきた女性がいます。大学を卒業後、大手の自動車の販売会社に勤めました。カーセールスではよい成績を残し活躍したものの、三年後に職業に対する違和感を抱いたようです。転職を希望する理由は、毎日の生きがいが欲しいということでした。難問でしたが、「毎日人が喜ぶ顔を見て、会話ができる仕事が何か分かった」と言い、飲食店に転職しました。数年後、出張の際に彼女が働く店を訪ねて私が見たものは、明るい声と目線、気配り、片付け、見送りの際の声掛けでした。生き生きしていましたが、それ以上に、彼女と話した後のお客様の表情は、食事をした時よりも満足そうでした。この店にはカスハラは来ない。いや、来ても二度目からは、その接客のファンになるようです。これは特殊例なので、カスハラ対策になるのかどうかは疑問ですが、どなたにも適職というものがあることは事実です。

企業が、社員が、カスハラに対応をするならば、脈々と続いている、社員教育と社員の成長に頼る以外ないと決したのですが、如何でしょうか。「カスハラ」という言葉には、戦いは挑めません。相手は人間なのです。原点に戻り、お客様を丁寧にお迎えしてみませんか。

あとがき

記憶は脳にあります。美しい景色や怖い体験、その記憶は現実が復元されたもので、記憶自体が変わることはないと思っていました。ところがここ数年、三〇年も前の苦情対応場面がフラッシュバックして、さらにその光景が変わります。それは面白い体験で、このときはこの対応をすれば良かったのかと気付かされますが、あとの祭りです。

仕事柄そうなるのかと思っていましたが、脳科学者の茂木健一郎先生が、「頭は記憶したことを、つねに編集し直している」と発言していることを知り興味を持ちました。たくさんの事柄を一度記憶しても、それを思い出す過程で、頭はその順番や個々の事柄のつながり方を、つねに自分でバージョンアップさせているというのです。それを知ったのち、私の脳は喜んで最良の対応を演出してくれています。

前作『となりのクレーマー』のときも茂木博士の『すべては脳からはじまる』(中公

新書ラクレ）を読み、自分の悩みが晴れたことから、あとがきに引用させていただきました。それ以来、博士の書には関心をもっています。今回は記憶に関して考えていたことがあり、その回答をいただいたような気持ちです。それは、「記憶の塗り替え」だったようです。

もう一つ、今回の執筆にあたり悩んでいたことがありました。それは、苦情とイチャモンとカスハラの違いです。茂木博士がイマジン大学の講義「人間は人間にしか興味がない」の中で、ＡＩについてお話をしていました。将棋のＡＩや卓球のＡＩ等々、面白い話でした。その中でＡＩは、「人間を映す鏡」だと発言しています。現代産業では「問い合わせ」や「苦情」にＡＩを使う部分が大きいと話していましたが、苦情界に身を置く身として、ＡＩが問い合わせに対し人間とすっかり同じ回答が出来るならば、今後は苦情対応はＡＩが取って代わる作業になるのかと一瞬考えましたが、それはありません。そこには、人のぬくもりというものが必要で、ＡＩには創作できないものだと知っています。それが証拠に、これまでにうまく解決できた苦情には、必ずそれがありました。その光景を思い起こすとき、相手は若いままで、自分だけ老けていることが、少し不公平です。

そこで、今回の主題となった「カスハラ」、それと関連の「苦情」と「イチャモン」の違いをＡＩに放り込んでみました。その回答は理屈ばかりで、的を射た回答は出ません。ＡＩは「人間を映す鏡」ですから、人の質問を山積みして、そこに出た様々な回答の中から、最も近いと判断したものを返しますので、ＡＩも混乱を起こしているのでしょう。

さて、そういう私も今回のカスハラの出現には驚いた一人です。以前の言葉を使うなら「イチャモン」です。しかし、イチャモンは、大声を上げたり無理な要求をすることは少ないものです。

カスハラを冷静に分析すると、対応するだけではなく、今回は対抗する必要があるようです。今回の提案は、話はもちろんよく聞く、そして相手をカスハラと認定したら「毅然と」対抗しませんか、ということです。向き合うのが大変なことは分かりますが、現場に直面したときには、条例も企業規定も役に立たないでしょう。焚きつけているわけではありませんので、どうぞ慎重に。

その助けとなる対応策を、本書ではたくさんご提供しました。相手の心理を読み解くと、解決への近道が生まれます。

早く終わったら、帰りに「天将」へでも寄りませんか。

令和七年春

著者

以下は書きおろしです。
・はじめに
・第一章　第四話、第六話、第九話、第一一話
・第二章
・カスハラの正体
・あとがき
そのほかは、『となりのクレーマー』（二〇〇七年　中公新書ラクレ）に掲載の内容を、加筆修正の上、再録しました。

関根眞一　Sekine Shinichi

1950年、埼玉県越生町生まれ。69年西武百貨店入社、八尾、宇都宮、つくば、池袋でお客様相談室を担当。難解な苦情・こじれた苦情・クレーマー対応を得意とする。2005年メデュケーション㈱を興す。苦情・クレーム対応アドバイザーとしては現役であり、これまでの難解苦情処理数は3000件を超えた。販売業・医療・省庁・行政・教育・保育園などの団体／個人向けに講演活動を行うほか、専用マニュアル作成も請け負う。ベストセラーとなった『となりのクレーマー』（中公新書ラクレ）、『日本苦情白書』（メデュケーション〔株〕）ほか著書多数。

中公新書ラクレ 840

カスハラの正体《しょうたい》

完全版《かんぜんばん》 となりのクレーマー

2025年 4 月10日発行

著者……関根眞一《せきねしんいち》

発行者……安部順一

発行所……中央公論新社

〒100-8152 東京都千代田区大手町 1-7-1

電話……販売 03-5299-1730　編集 03-5299-1870

URL https://www.chuko.co.jp/

本文印刷…三晃印刷　カバー印刷…大熊整美堂　製本…小泉製本

Published by CHUOKORON-SHINSHA, INC.
Printed in Japan ISBN978-4-12-150840-9 C1236

中公新書ラクレ　好評既刊

ラクレとは…la clef＝フランス語で「鍵」の意味です。情報が氾濫するいま、時代を読み解き指針を示す「知識の鍵」を提供します。

L690

街場の親子論

—父と娘の困難なものがたり

内田　樹＋内田るん 著

わが子への怯え、親への嫌悪。誰もが感じたことのある「親子の困難」に対し、名文家・内田樹さんが原因を解きほぐし、解決のヒントを提示します。それにしても、親子はむずかしい。その謎に答えるため、1年かけて内田親子は往復書簡を交わします。微妙に嚙み合っていないが、ところどころで弾ける父娘が往復書簡をとおして、見つけた「もの」とは？　笑みがこぼれ、胸にしみるファミリーヒストリー。

L699

たちどまって考える

ヤマザキマリ 著

パンデミックを前にあらゆるものが停滞し、動きを止めた世界。17歳でイタリアに渡り、キューバ、ブラジル、アメリカと、世界を渡り歩いてきた著者も強制停止となり、その結果「今たちどまることが、実は私たちには必要だったのかもしれない」という想いにたどり着いたという。混とんとする毎日のなか、それでも力強く生きていくために必要なものとは？　自分の頭で考え、自分の足でボーダーを超えて。あなただけの人生を進め！

L704

大学とオリンピック　1912-2020

—歴代代表の出身大学ランキング

小林哲夫 著

日本のオリンピックの歴史は大学抜きには考えられない。戦前、オリンピックの精神として貫かれたアマチュアリズムに起因し、両者の親和性は極めて高い。実現には至らなかった1940年東京大会では、構想から大学が深く関わった。戦後、企業スポーツ隆盛の時代へと移ってもなお、大学生オリンピアンは不滅だ。１９１２年大会から２０２０年東京大会までを振り返り、両者の関係から浮かび上がる、大学の役割、オリンピックの意義を問う。

L705

女子校礼讃

辛酸なめ子 著

辛酸なめ子が女子校の謎とその魅力にせまる！　あの名門校の秘密の風習や、女子校で生き抜くための処世術、気になる恋愛事情まで、知られざる真実をつまびらかにする。在校生へのインタビューや文化祭等校内イベントへの潜入記も充実した、女子校研究の集大成。読めば女子校育ちは「あるある」と頷き、そうでない人は「そうなの⁉」と驚き、受験生はモチベーションがアップすること間違いなし。令和よ、これが女子校だ！

L709

ゲンロン戦記
―「知の観客」をつくる

東　浩紀 著

「数」の論理と資本主義が支配するこの残酷な世界で、人間が自由であることは可能なのか？「観客」「誤配」という言葉で武装し、大資本の罠、敵／味方の分断にあらがう、東浩紀の「生き延び」の思想。哲学とサブカルを縦横に論じた時代の寵児は、２０１０年、新たな知的空間の構築を目指して「ゲンロン」を立ち上げ、戦端を開く。いっけん華々しい戦績の裏にあったのは、予期せぬ失敗の連続だった。ゲンロン10年をつづるスリル満点の物語。

L713

動物園・その歴史と冒険

溝井裕一 著

人間の野望が渦巻く「夢の世界」へようこそ。動物園は、18世紀末のヨーロッパに誕生した。しかし珍種を集めて展示する「動物コレクション」は、メソポタミア文明に遡るほどの歴史をもつ。近代に入ると、西洋列強は動物を競って収集。果ては「恐竜」の捕獲や絶滅動物の復元計画も登場。異国風建築から、パノラマ、サファリ・パークやテーマ・ズー、ランドスケープ・イマージョンまでのデザインの変遷を辿り、動物園全史と驚異の冒険譚を描き出す。

L717

ビジネスパーソンのための「言語技術」超入門
―プレゼン・レポート・交渉の必勝

三森ゆりか 著

社会で真に求められるのは、論理的思考力を活用して考察し、口頭や記述で表現できる人材である。しかし「国語」の教育は受けたはずなのに、報告書が書けない、交渉も分析もできないという社会人は多い。これまで有名企業や日本サッカー協会などで「言語技術」を指導してきた著者が、社会に出てから使える本当の言語力＝世界基準のコミュニケーション能力を身につけるためのメソッドを具体的に提示。学生・ビジネスパーソン必読の一冊！

L736

得する会社員　損する会社員
——手取りを活かすお金の超基本

川部紀子 著

年功序列・終身雇用制度が崩壊し老後資金も不安視される、「幸せな老後行きの自動エスカレーター」がない世界では、お金の知識格差が命取りに⁉　本書はこれまで「お金のことは会社まかせ」だった組織人の、マネーリテラシーの底上げを目指す。講演・セミナー講師として活躍し、これまで全国3万人以上の受講者に「お金」にまつわる知識を伝えてきた著者が、社会に出る前に学校で教えてほしかった「お金の基本」をわかりやすく解説する。

L747

辛酸なめ子の独断！流行大全

辛酸なめ子 著

「アイス・バケツ・チャレンジ」「YouTuber」「プレミアムフライデー」「ぴえん」「うんこ漢字ドリル」「ざんねんないきもの」「KONMARI」……。経済・社会風俗・科学・芸能、あらゆるジャンルの時代を読み解くキーワードを、辛酸なめ子が華麗に分析。徹底した取材とフィールドワークにより流行の真実の姿が見えてくる（かもしれない）、現代を生きぬくための必読書。イラスト多数でたっぷり250語収録。分厚い新書で恐れ入ります！

L753

エリートと教養
——ポストコロナの日本考

村上陽一郎 著

政治家は「言葉の力」で人々の共感を醸成できるのか？　専門家は学知を社会にどのように届けるべきか？——不信感と反感が渦巻く今こそ、エリートの真価が試されている。そこで改めて教養とは何か、エリートの条件とは何か、根本から本質を問うた。政治、日本語、音楽、生命……文理の枠に収まらない多角的な切り口から、リベラル・アーツとは異なる「教養」の本質をあぶりだす。『ペスト大流行』の著者、科学史・文明史の碩学からのメッセージ。

L758

「合戦」の日本史
——城攻め、奇襲、兵站、陣形のリアル

本郷和人 著

戦後、日本の歴史学においては、合戦＝軍事の研究が一種のタブーとされてきました。このため、織田信長の桶狭間の奇襲戦法、源義経の一ノ谷の戦いにおける鵯越の逆落としなどは、「盛って」語られるばかりで、学問的に価値のある資料から解き明かされたことはありません。城攻め、奇襲、兵站、陣形……。歴史ファンたちが大好きなテーマですが、本当のところはどうだったのでしょうか。本書ではこうした合戦のリアルに迫ります。

L758

「合戦」の日本史
——城攻め、奇襲、兵站、陣形のリアル

本郷和人 著

戦後、日本の歴史学においては、合戦＝軍事の研究が一種のタブーとされてきました。このため、織田信長の桶狭間の奇襲戦法、源義経の一ノ谷の戦いにおける鵯越の逆落としなどは、「盛って」語られるばかりで、学問的に価値のある資料から解き明かされたことはありません。城攻め、奇襲、兵站、陣形……。歴史ファンたちが大好きなテーマですが、本当のところはどうだったのでしょうか。本書ではこうした合戦のリアルに迫ります。

L763

増補版 弘兼流 60歳からの手ぶら人生

弘兼憲史 著

名刺と一緒につまらない見栄は捨てよう！　60歳は物語でいえば終盤、いよいよ仕上げの時の始まりです。でも、本当に楽しいのはこれから。この機会に、「常識」という棚にしまったものを、一度おろして吟味してみませんか。「持ち物」「友人」「お金」「家族」……身辺整理をしたその先に、これからの人生に必要なものが見えてくるはず。第一線で活躍し続ける漫画家が、60歳からの理想の生き方をつづったベストセラーの増補版。

L771

カラー版 へんてこな生き物
——世界のふしぎを巡る旅

川端裕人 著

かわいい小動物ハニーポッサムは、巨大な睾丸の持ち主。水生哺乳類アマゾンマナティが「森」の中を飛ぶって？　ペンギンなのに、森の中で巣作りをする「妖精」。手のひらサイズの巨大な虫はまるでネズミ！　常識を軽く超えてくる生き物たちの「へんてこ」を活写。30年以上にわたり研究者やナチュラリストと共に活動してきた著者が、新しい科学的なトピックをまじえて約50種を楽しく紹介する。２００枚超のオリジナル写真を掲載。

L773

歩きながら考える

ヤマザキマリ 著

パンデミック下、日本に長期滞在することになった「旅する漫画家」ヤマザキマリ。思いがけなく移動の自由を奪われた日々の中で思索を重ね、様々な気づきや発見があった。「日本らしさ」とは何か？　倫理の異なる集団同士の争いを回避するためには？　そして私たちは、この先行き不透明な世界をどう生きていけば良いのか？　自分の頭で考えるための知恵とユーモアがつまった1冊。たちどまったままではいられない。新たな歩みを始めよう！

L777

増補版 笑って生ききる

——寂聴流　悔いのない人生のコツ

瀬戸内寂聴 著

「自分を変える革命は何歳でも起こせる」「この世に1人の自分を、自分が認めてあげなければ」……。作家として、僧侶として、瀬戸内寂聴さんはたくさんの名言を残しています。年齢を重ね、老いを受け入れ、周囲との人間関係や、家族のかたちも変わっていくなかで、私たちは、その言葉に心のよりどころを求めます。私たちの気持ちに寄り添い、一歩を踏み出す勇気を与えてくれる寂聴さんの言葉を、1冊にぎゅっと詰め込みました。

L784

地図記号のひみつ

今尾恵介 著

学校で習って、誰もが親しんでいる地図記号。だが、実はまだまだ知られていないことも多い。日本で初めての地図記号「温泉」、ナチス・ドイツを連想させるとして「卍」からの変更が検討された「寺院」、高齢化を反映して小中学生から公募した「老人ホーム」……。地図記号からは、明治から令和に至る日本社会の変貌が読み取れるのだ。中学生の頃から地形図に親しんできた地図研究家が、地図記号の奥深い世界を紹介する。

L787

君たちのための自由論

——ゲリラ的な学びのすすめ

内田　樹＋ウスビ・サコ 著

かたや哲学者であり武道家、かたやアフリカ・マリ出身の元大学学長。2人の個性派教育者による、自由すぎるアドバイスとメッセージ。曰く、「管理から逃れて創造的であるために、もっと〝だらだら〟しよう」「〝ゲリラ的〟な仕掛けで、異質なもの同士の化学反応を生み出そう」「将来は〝なんとなく〟決めるべし」「世の中に〝なんでやねん!〟とツッコミを入れよ」。若い人たちが「大化け」するための秘訣を、コロナ禍の教育現場から発信。

L789

「将軍」の日本史

本郷和人 著

幕府のトップとして武士を率いる「将軍」。源頼朝や徳川家康のように権威・権力を兼ね備え、強力なリーダーシップを発揮した大物だけではない。この国には、くじ引きで選ばれた将軍、子どもが50人いた「オットセイ将軍」、何もしなかったひ弱な将軍もいたのだ。そもそも将軍は誰が決めるのか、何をするのか。おなじみ本郷教授が、時代ごとに区分けされがちなアカデミズムの壁を乗り越えて日本の権力構造の謎に挑む、オドロキの将軍論。

L792
新版 中野京子の西洋奇譚
中野京子 著

箒にまたがり飛翔する魔女、笛吹き男に連れられて姿を消したハーメルンの子どもたち、悪魔に憑かれた修道女、死の山の怪……。科学では説明できない出来事や、人々が語り継がずにいられなかった不思議な話。誰もが知る伝承に隠された、恐ろしい真実とは？　歴史奇譚の魅力に触れたら、あなたはもう、戻れない……。稀代の語り手が贈る、21の「怖い話」。新版刊行に際し、「余話「怖い」に魅かれる一因」「奇譚年表」も収録。

L806
グリム、イソップ、日本昔話
人生に効く寓話
池上 彰＋佐藤 優 著

「舌切り雀」には商売の厳しさが、「浦島太郎」にはあなたの定年後が、「花咲かじじい」には部下の使い方が、「雪女」には夫婦の現実が、「すっぱいぶどう」には競争社会の身の処し方が書いてある！　大人こそ寓話を読み直すべきだ。長く重い人生を軽やかに生きるための知恵が詰まっているのだから……。グリム、イソップから日本の民話、寓話まで。計20話の読み解きを収録。スピーチのネタにも使える一冊。

L808
ウイルス学者さん、うちの国ヤバいので来てください。
古瀬祐気 著

地元の医者たちが国外へ逃げ、インフラは停まり、遺体が道に転がる中、僕はリベリアに派遣された——医療資源の乏しいフィリピン、防護服や注射針を使い回すアフリカ、コロナ対策で不夜城と化した霞が関を渡り歩き、ウイルスでパニックになった世界を救う感染症専門家の日常とは？　笑顔の裏に何かを隠し、ときに夜のBARまで味方にしつつ、型にはまらぬ方法でウイルスと闘う医師による、ドキドキ・アウトブレイク奮闘記。

L809
開業医の正体
——患者、看護師、お金のすべて
松永正訓 著

クリニックはどうやってどう作るの？　お金をどう工面しているの？　収入は？　どんな生活をしているの？　患者と患者家族に思うことは？　上から目線の大学病院にイライラするときとは？　看護師さんに何を求めているの？　診察しながら何を考えているの？　ワケあって開業医になりましたが、開業医って大変です。開業医のリアルと本音を包み隠さず明かします。開業医の正体がわかれば、良い医者を見つける手掛かりになるはずです。

L810

天気でよみとく名画
―フェルメールのち浮世絵、ときどきマンガ

長谷部 愛 著

「悪魔の風」の正体は局地風（ゴッホ《星月夜》）、描かれた雲から降水確率もわかる（フェルメール《デルフト眺望》）、天気の表現でわかる作家の出身地などなど、古今東西の名画やマンガを天気という視点で見直すと、意外な発見に満ちている。画家たちの観察眼は気象予報士よりも凄い⁉ さらに、同じ地域でも時代の異なる作品を比較することで、温暖化などの変化に気づくことだってできる。現役気象予報士による美大の人気講義を再現。

L818

没落官僚
―国家公務員志願者がゼロになる日

中野雅至 著

「ブラック霞が関」「忖度」「官邸官僚」「経産省内閣」といった新語が象徴するように、片やスーパーエリート、片や「下請け労働者」という二極化が進む。地道にマジメに働く「ふつうの官僚」が没落しているのだ。90年代～推進された政治主導は成功だったのか？ 著者は元労働省キャリアで、公務員制度改革に関わってきた行政学者。実体験をおりまぜながら、「政官関係」「天下り」「東大生の公務員離れ」等の論点から〝嵐〟の改革30年間を総括する。

L822

カラー版 西洋絵画のお約束
―謎を解く50のキーワード

中野京子 著

絵画に描かれた美女が誰か、あなたは即座にわかるだろうか。そばに薔薇があればヴィーナス。百合が添えられていればマリア。皿を捧げていればサロメ。剣を携えていればユーディト。ちょっとした知識があれば、隠された画家からのメッセージを探りあてることができる。「見て・感じる」だけではわからない、絵を読み解く手がかりをテーマ別に解説。この本を読めば、鑑賞体験はもっと豊かなものになる。図版120点収録

L830

看護師の正体
―医師に怒り、患者に尽くし、同僚と張り合う

松永正訓 著

病棟勤務って、どういう仕事？ 救急外来って修羅場なの？ ほぼ「女の世界」で、何と闘っているの？ どうやって一人前になるの？ 医師にイライラするときって？ 患者を前に、何を考えているの？ セクハラと恋愛事情は？ 病院の怪談に脅える？ 手術中は何しているの？ 中公新書ラクレ『開業医の正体』（松永正訓著）に続く、待望の姉妹編。一人の看護師が奮闘する日々を追いかけ、看護師のリアルと本音を包み隠さず明かします。